QUESTIONS SOCIALES

LES
RETRAITES OUVRIÈRES

Projet de création d'un Institut national
de Caisses des Retraites Ouvrières

PAR

PAUL LANOIR

Secrétaire général
de l'Union syndicale des ouvriers et employés
des chemins de fer français

PARIS
V. GIARD & E. BRIÈRE
LIBRAIRES-ÉDITEURS
16, Rue Soufflot, 16

1899

LES

RETRAITES OUVRIÈRES

Projet de création d'un Institut national

de Caisses des Retraites Ouvrières

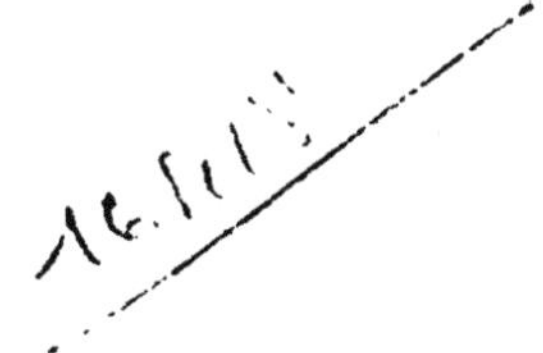

LES RETRAITES OUVRIÈRES

Projet de création d'un Institut national
de Caisses des Retraites Ouvrières

PAR

PAUL LANOIR

Secrétaire général
de l'Union syndicale des ouvriers et employés
des chemins de fer français

PARIS

V. GIARD & E. BRIÈRE

LIBRAIRES-ÉDITEURS

16, Rue Soufflot, 16

1899

PROJET DE CRÉATION

DE CAISSES NATIONALES DE RETRAITES OUVRIÈRES

De toutes les questions sociales qui appellent une solution pratique, la constitution de caisses de retraites ouvrières, est certainement celle qui, de nos jours, s'impose le plus impérieusement à l'attention des pouvoirs publics.

Plus que jamais, en effet, chacun comprend que c'est un devoir social que d'assurer contre les nécessités matérielles et les vicissitudes de la vie, les travailleurs devenus vieux.

Quelle préoccupation de moins, quelle satisfaction, quelle tranquillité d'âme pour ceux-ci, si au cours de leur vie de continuel labeur, si pleine de peines, de désillusions et parfois de malheurs, ils pouvaient rayer de leur esprit cette crainte perpétuelle d'aller finir leurs jours, les uns sur le grabat d'un hospice, les autres dans quelques réduits, où, souvent à regret, chacun d'eux devra, sans produire, prélever ses moyens d'existence sur le budget déjà faible de ses seuls descendants !

Mais nous ne nous attarderons pas à démontrer l'incontestable nécessité de cette réforme d'ordre primordial, appelée à combler la plus criante injustice sociale de notre époque civilisatrice, et dont l'adoption devient pour tout gouvernement démocratique une obligation à laquelle il ne peut ni ne doit se soustraire.

La seconde République, le second Empire, et surtout la troisième République ont, tour à tour, admis le principe de la création de caisses nationales de retraites, et les lois organiques de 1850 et 1853, du 29 juillet 1866 et du 20 juillet 1886, sont un pas de fait dans la solution du problème posé. Mais dans l'application, que de choses il reste à faire, que d'étapes il reste encore à franchir sur la route à suivre, pour atteindre le but visé !

Actuellement, la démocratie est, sur ce point, divisée en deux parties : les militaires, les fonctionnaires et les employés de grandes administrations publiques, financières, commerciales ou industrielles, subventionnées par l'Etat, et qui bénéficient de retraites constituées pour eux par la nation entière, et d'autre part, les travailleurs des villes et des champs, du commerce et des industries privées, des arts, des lettres et des sciences pour lesquels, rien encore n'a été fait.

Il serait, en effet, téméraire, en constatant les

exceptions et les progrès locaux réalisés dans la sphère de leur action par de généreuses mais rares initiatives, de conclure du particulier au général et de prétendre que « la Caisse nationale des retraites pour la vieillesse » telle qu'elle fonctionne en vertu de la loi organique de 1850 et du 24 juillet 1866, comble une lacune.

Ce qui a été fait jusqu'ici ne crée en réalité qu'une grande inégalité de traitement entre individus ayant les mêmes droits à la vie, et les mêmes besoins, et ne peut être considéré, par tout esprit sérieux, que comme un acompte sur ce qui est légitimement dû à la démocratie tout entière.

Tous ses membres sont, en effet, sur leurs vieux jours, frappés du même mal, ce qui leur donne à tous, dans leurs sphères respectives, les mêmes titres à une proportionnelle répartition des bienfaits sociaux, c'est-à-dire à l'esprit de justice et d'équité de la mère-patrie, distributrice, non de faveurs aux uns au détriment du plus grand nombre, mais de bienfaits équitablement répartis.

Ce n'est pas que l'idée des retraites ouvrières n'ait pas germé dans l'esprit des masses populaires, qui, en voyant celles-ci octroyées à quelques privilégiés ont appris à en apprécier le fruit, qui, par leurs cahiers de revendications en ont demandé l'extension à tous, et qui, sous des formes diverses ont à maintes reprises exprimé leur mécontentement de voir cette grande réforme toujours promise et sans cesse ajournée.

Ce n'est pas d'autre part, que les projets de constitution des caisses nationales de retraites ouvrières aient fait défaut.

Depuis 1870, on en compte près de 5000 qui ont été publiés, puis proposés aux pouvoirs publics, et quelques-uns mêmes ont été déposés aux parlements par les représentants du peuple.

Notre régime actuel étant un gouvernement d'opinion, tirant sa raison d'être, sa force et sa puissance dans la volonté populaire pouvant s'exprimer librement, selon ses désirs et ses besoins, comment comprendre et concevoir que ce peuple, exerçant directement son droit souverain sur l'administration et la direction des affaires publiques, ne puisse arriver légalement à triompher d'intérêts contraires aux siens?

Or, le peuple français veut la création de caisses de retraites ouvrières, et on ne la lui donne pas!

Si ni l'un ni l'autre des nombreux projets dont nous parlions tout à l'heure, que nous avons lus et étudiés, n'ont pas été pris en considération par les différents parlements se succédant en France depuis bientôt un demi-siècle, le mal réside, croyons-nous, non dans la mauvaise volonté de la majorité des parlementaires qui, pris individuellement sont tous partisans de cette institution, mais dans ce fait, souvent constaté, qu'aucun de ces projets n'est empreint, dans l'application, d'un sens suffisamment pratique.

Les différents projets de constitution de caisses

de retraites proposés jusqu'à ce jour contiennent, en effet, trois grandes erreurs, qui tantôt, sont la négation du principe même de l'institution à créer, ou en rendent impossible l'application, soit dans la mise en œuvre du projet, soit dans la conception financière destinée à en assurer l'exercice.

La première de ces erreurs consiste dans la *faculté* invariablement laissée aux uns et aux autres de se constituer ou de ne pas se constituer de pension de retraite.

Puis, outre qu'elles sont hors de la portée des plus nécessiteux, c'est-à-dire des plus dignes, les combinaisons projetées ne promettent, en échange des sacrifices qu'elles imposent, que des avantages absolument insuffisants, ne réalisant ainsi le problème social que pour les classes déjà privilégiées et, là encore, de façon trop insuffisante.

Enfin, en faisant appel, comme le font tous les auteurs de projets de caisses de retraites, à la coopération de l'État, pour participer annuellement à la constitution et à l'administration de la caisse nationale des retraites, ces différents auteurs faussent l'esprit de cette institution, qui ne doit pas être une institution d'État, et rendent l'application de leurs projets absolument impossible.

Obligation ou faculté de se constituer une pension de retraite

Sur ce premier point, on conçoit qu'en 1850, au début du suffrage universel, on n'ait pas voulu imposer aux masses populaires l'obligation d'une action commune, cette action dût-elle, dans l'ordre économique, servir et sauvegarder tous les intérêts particuliers.

La république naissante, aux prises à des difficultés multiples ne pouvait envisager la possibilité de résoudre d'un coup une réforme de cette importance. Puis, il convient d'admettre qu'à cette époque la question était insuffisamment étudiée, et que nul ne s'était préparé à en assurer l'application.

De là, la victorieuse intervention de M. Dumas, ministre du commerce, qui, lors de la discussion sur les lois d'assistance s'opposa au nom du gouvernement, à rendre *obligatoire* l'adhésion aux caisses de retraites, et fit triompher le principe de « la *faculté* pour chacun, de se créer ou de ne pas se créer une pension de retraite ».

Depuis, on a pu croire que l'esprit de prévoyance et d'épargne était enfin entré dans les mœurs. Mais l'expérience acquise ne peut laisser le moindre doute sur ce point.

La marche lente, et la situation de la caisse nationale dès retraites actuelles a désillusionné ses plus chauds partisans qui se désespèrent, en constatant le peu d'empressement mis par les déposants, dont le nombre, du 11 mai 1851 au 31 décembre 1897 n'était encore que de *4.751.804* constituant un versement total de *196.586.848* francs *65*. (1)

Nos sociétés de secours mutuels elles-mêmes, dont les résultats sont pourtant immédiats, n'arrivent dans aucun de nos centres ouvriers à englober la majorité des travailleurs, et l'*Office du travail*, du ministère du commerce, nous apprend, dans son dernier relevé, que pour une population de plus de **22** millions d'unités on ne compte encore en France, que **1.882.000** adhérents aux sociétés de secours mutuels, soit à peine un travailleur sur onze. Et pourtant, peut-on nier les sacrifices de toutes sortes faits en faveur de nos nombreuses sociétés, sacrifices en argent de la part de l'Etat, des Départements et des Communes, et sacrifices plus grands encore, si l'on fait entrer en ligne de compte le dévouement et le désintéressement avec lequel sont administrées et dirigées ces sociétés par les militants qui sont à leur tête, et que l'on peut considérer comme l'élite de la classe ouvrière dans tous nos centres de production.

(1) Rapport de la Commission supérieure de la caisse nationale des retraites pour la vieillesse au Président de la République, sur la situation au 31 décembre 1897, pages 40 et 41.

Le travailleur ne s'inscrit pas aux caisses de retraite et n'adhère pas aux sociétés de secours mutuels, parce que les conditions de sa vie deviennent de jour en jour plus difficiles ; parce qu'accablé déjà sous le poids de charges multiples il remet chaque jour au lendemain, et pour le plus tard possible, le fait de se créer une charge nouvelle dont le poids lui cache les bienfaits qu'il en retirerait. Et c'est ainsi que les mois et les années s'écoulent, et que le vide se fait, malgré tout, autour des guichets de nos caisses de retraites et de sociétés utiles.

Contrairement aux dispositions que nous trouvons dans les projets antérieurs et que nous avons mûrement étudiés, notamment dans ceux de MM. Constans et Brincard, déposés à la Chambre depuis 1894 et au cours desquels ces Messieurs déclarent repousser « l'obligation » comme « contraire à notre génie national et aussi comme exclusive du développement de l'initiative individuelle », c'est-à-dire rompant avec les errements suivis jusqu'ici, nous estimons donc que « l'obligation » doit être le principe pour chaque citoyen de se constituer une pension de retraite.

Si les leçons de l'expérience doivent servir à quelque chose c'est, en effet, à ne pas retomber éternellement dans les mêmes fautes.

Or, une expérience de cinquante années démontre, de façon irréfutable, que l'assistance et la prévoyance laissées à la libre initiative individuelle sont de nulle portée. Il importe donc, ne pouvant faire abandon de ces deux principes essentiels de l'amélioration progressive et rationnelle de la vie humaine, de les chercher sous une autre forme, c'est-à-dire d'en assurer les bienfaits avec un autre moyen. Et cet autre moyen, le seul que nous ayons à notre disposition, c'est, nous le répétons, de faire à chacun une obligation absolue de coopérer, au cours de sa carrière, et selon ses ressources, à la Constitution, pour lui, d'une pension de retraite à laquelle coopéreront également, en parts égales, son patron et l'Etat.

Cette coopération obligatoire de l'ayant droit à la constitution de sa propre caisse de retraite rendra seule possible la création de l'Institution nationale des caisses de retraites ouvrières.

C'est cette coopération nécessaire qui en le mettant, dès sa 55ᵉ année d'âge, à l'abri de tous besoins, assurera enfin au travailleur de tout ordre, dans un repos bien gagné, une ère de liberté et de pleine indépendance !

Second point.

« Outre qu'elles sont hors de la portée des plus
« humbles, c'est-à-dire des plus dignes d'intérêt,
« les combinaisons actuelles touchant à la consti-
« tution des caisses de retraites ouvrières, n'as-
« surent, en échange des sacrifices qu'elles im-

« posent que des résultats absolument insuffisants,
« ne résolvant ainsi le problème social qu'en fa-
« veur des classes déjà privilégiées, et, là encore,
« de façon trop insuffisante ».

Tel est le second reproche que tous les esprits attentifs adressent avec nous aux projets actuellement à l'étude. Si les auteurs des précédents projets n'ont été ni écoutés par les spécialistes, ni suivis par les parlements, ni même connus des principaux intéressés, c'est surtout, à notre avis, parce que les retraites qu'ils eussent constituées ont paru dérisoires aux uns et aux autres.

Nous ne retiendrons, des centaines de projets qu'il nous a été donné d'analyser, que ceux de MM. Félix Martin et Constans, sénateurs, Guillemet, Zévaès, Audiffred, de Ramel, Dubuisson, Maruéjouls, Chauvière, Puech et Brincard, députés, et le projet d'Assurances sur la vie de MM. Guieysse, Ricard, Léon Bourgeois et Delombre, députés, qui complètent, en les étendant, les projets antérieurs.

Nous écarterons de cette liste le projet de M. Dubuisson, dont l'application serait pratique et le taux de constitution suffisant, mais dont les résultats ne doivent se faire sentir, pour cadrer avec l'esprit et les calculs de l'auteur, qu'à la *70e* année d'âge de l'ayant droit.

On se demande, dans ces conditions, s'il s'agit bien là d'un projet de caisses de retraites ouvrières ou de l'ordonnancement de convois funéraires !

Ce serait retomber dans l'erreur *del Monte Pio* d'Espagne et celle des chemins de fer belges, concédant « une retraite » à quelques-uns de leurs inscrits lorsque ceux-ci atteignent, *en service*, leur 75° année d'âge !

Quant aux autres projets, ils peuvent être considérés, si l'on peut employer cette expression, comme abrogés par ceux de M. Constans, déposé au nom du gouvernement, et de M. Brincard, député, déposé sur le bureau de la Chambre le 15 février 1894, dont l'esprit est le plus large quant aux conditions d'admission, et le plus profitable quant au taux de constitution et, partant, aux résultats à recueillir.

Or, même la prise en considération de ces deux projets, fusionnés en leurs points les plus avantageux, n'offrirait à la classe ouvrière « que des avan-
« tages absolument insignifiants, et ne résoudrait
« cette partie du problème social qu'en faveur de
« quelques privilégiés et, là encore, de façon par
« trop insuffisante. »

Par l'article 1er de son projet, M. Constans interdit l'accès de la caisse des retraites à tout travailleur dont les ressources annuelles atteignent *3.000* francs et le taux moyen des retraites constituées par la combinaison de l'auteur est de *160* à *240* francs par an, à 60 années d'âge, étant entendu que le service des retraites ne commencera qu'à partir de la 31° année d'existence !

M. Constans estime « qu'à la fin de la *77°* année,

« époque où le nombre des rentiers est théorique-
« ment fixe, la caisse des retraites *pourra* servir
« *675.436.500* francs de pensions annuelles à
« *1.500.970* ayants droit, en possédant 4.442.056
« livrets de rentes viagères différées ou immédia-
« tes », ce qui constituerait une inexplicable mortalité de 2.941.066 participants, soit plus de 58 0/0,
proportion que nous ne sommes arrivé à trouver
dans aucune table de mortalité, et sur laquelle,
pensons-nous, il est quelque peu imprudent de
compter.

En outre, écrit M. Constans, *3.332.000* personnes environ seront assurées pour un capital de
500 francs, payables à leur décès, soit un capital
total de *1.666.000.000* de francs.

Et ces chiffres, forts en apparence, mais bien
faibles étant donnés les besoins, non satisfaits, d'ailleurs, des participants, effraient l'auteur du projet,
qui se demande, anxieux, si l'accumulation de tant
de capitaux — *12 milliards* — le tiers de notre
dette publique, en 30 ou 40 années, ne va pas poser
un nouveau et plus redoutable problème social et
économique !

Tel est le projet de l'honorable M. Constans.
Nous verrons tout à l'heure ce qu'il faut penser de
ces chiffres qui l'effraient, et comment nous pensons
résoudre, sans cataclysme social ou économique,
le fait de l'accumulation provisoire de beaucoup
plus de 12 milliards, en bien moins de 30 ou 40
années !

Quant à l'honorable M. Brincard, par le projet qu'il a déposé à la Chambre en février 1894, il refuse également de faire une *obligation* au travailleur de se constituer une pension de retraite, restant, dit-il, « confiant en l'esprit de prévoyance et d'épargne de la classe ouvrière ». Il n'exclut des bénéfices de l'institution à créer aucun travailleur, quelles que soient ses ressources annuelles produites par son travail, mais il fixe le maximum de la pension à intervenir à *3.000 francs* et estime, en raison des charges qu'il impose aux déposants, à *2.140.614*, le nombre maximum des travailleurs, qui, sur les **22 millions** dont nous sommes, pourront adhérer à la caisse des retraites ouvrières.

Sur ce nombre, expose M. Brincard dans son projet, le tiers, soit *713.538* arriveront à jouir de leur pension de retraite majorée par l'Etat, et il répartit ces 713.538 privilégiés en trois catégories :

La moitié, soit *356.769* auront une pension moyenne de 150 francs ;

Un quart, 178.385, auront une pension moyenne de 300 francs ;

L'autre quart, 178.384, auront une pension moyenne de 500 francs.

Quant à la majoration des retraites ouvrières par l'Etat, M. Brincard la limite ainsi : pour les pensions inférieures à 200 francs, une majoration de 20 0/0 ;

Pour celles de 200 à 400 francs, 15 0/0 ;

Pour celles de 400 à 600 francs, 10 0/0.

Etant entendu, écrit-il, « qu'aucune majoration ne sera faite aux pensions de 600 francs et au-dessus » dont le nombre approximatif est de 713.538, soit 50 0/0 du nombre des ayants droit.

Tel est, en dehors du nôtre, le projet qui, avec celui de M. Constans, offre aux travailleurs les avantages les plus appréciables.

Nous nous demandons, nous, si c'est bien là, comme nombre de bénéficiaires et comme chiffre de la pension à intervenir, ce que la démocratie peut raisonnablement attendre de la création de l'*Institution nationale des caisses de retraites pour la vieillesse.*

Sur les **22** millions de travailleurs dont l'*Office du travail* au ministère du commerce nous donne la répartition par professions ou métiers, les auteurs des deux projets précités avouent qu'en laissant à chacun la faculté d'adhérer ou de ne pas adhérer aux versements nécessaires à la constitution des pensions, **2** millions seulement profiteront des bienfaits de l'institution !

Eh bien, mais ! et les **20** autres millions ?

Quant à ces **2** millions de favorisés, peut-on raisonnablement dire qu'ils profiteront d'une retraite ?

Est-ce donc une pension suffisante, que ces allocations de *150* francs à 356.000 vieux travailleurs, de 300 et de 500 francs à 713.538 autres et de 600 francs à 750.000 ?

Est-ce bien, comme nombre de bénéficiaires et

comme chiffre de la pension à intervenir ce que l'on est en droit d'appeler l'*Institution nationale des caisses de retraites pour la vieillesse* ?

Non. Et comme nous le disions au début de notre exposé, en ces braves gens qui, le pouvant, se seront prêtés volontiers à la vulgarisation des idées de solidarité, de prévoyance et d'épargne, nous ne voulons voir que des indigents et non des rentiers.

Nous avons toujours dit, repoussant le principe *de la faculté* pour chacun, de se constituer ou de ne pas se constituer une pension de retraite, que l'éducation de l'ouvrier français n'était pas faite pour le pousser dans la voie de la prévoyance, de l'épargne et de la solidarité sociale. De là, la nécessité, ou d'abandonner le principe de l'institution des retraites ouvrières ou de faire à chacun une obligation de participer, dans la mesure de ses moyens à la constitution de la pension de retraite qui plus tard sera nécessaire pour assurer ses vieux jours.

Les constatations, notamment de MM. Constans et Brinçard ne font que confirmer l'opinion que déjà, nous nous étions faite.

Quant aux retraites dont nous venons de parler, qui seront distribuées aux **2** millions de privilégiés, et dont l'insuffisance saute aux yeux, avec cela on perpétuera le mal, et on l'entretiendra en l'aggravant, car on créera une flagrante inégalité de traitement entre les uns et les autres ; on consacrera la pratique des petits moyens, des demi-mesures, et on ne contentera personne, ni ceux qui contribueront à la constitution de leur pension, ni ceux qui en percevront le montant. Et nos ainés, qui, avec ces pensions de bureaux de bienfaisance ne pourront satisfaire à leurs premiers besoins devront encore, pour vivre, aller s'asseoir à la table de leurs seuls descendants, quand ils en auront, ou aller tendre leurs mains et courber leur front.

Telles sont les dispositions les plus généreuses que nous trouvons dans les meilleurs et les mieux compris des projets antérieurs et d'application pratique.

Notre projet.

C'est pour ne pas diviser le monde du travail en deux parties : ceux qui auront une retraite garantissant la sécurité, la liberté et l'indépendance de leurs vieux jours, et ceux, beaucoup plus nombreux, qui continueront à manquer du nécessaire et à faire appel à la charité et à l'hospitalisation, que nous avons rendu *obligatoire* l'adhésion de tous à la caisse nationale des retraites.

Et c'est pour que celles-ci soient non une aumône donnée comme à regret, par demi-mesures, mais une retraite dans la conception vrai du mot, que nous avons réglementé, dans notre projet, ainsi que nous le verrons tout à l'heure, le taux de constitution et les majorations diverses que devra assurer l'Etat en fin d'exercice.

La participation de l'Etat au taux de constitution des caisses de retraites ouvrières.

« En faisant appel, comme le font tous les au-
« teurs de projets de caisses de retraites ouvrières,
« à la coopération de l'Etat devant participer *an-*
« *nuellement* à la formation des caisses de retraites
« ouvrières, ces auteurs, avons-nous dit, rendent
« l'application de leurs projets *absolument impos-*
« *sible.* »

De l'avis même de M. Doumer que nous avons bien souvent consulté lorsqu'il était ministre des finances, il ne faut pas tabler, *pour la constitution* des caisses de retraites ouvrières, sur le concours pécuniaire annuel de l'Etat ; ce serait là une espérance chimérique !

Dans la pratique, comment, en effet, trouver un parlement qui, même pour la solution d'un problème social, se décide à imposer le trésor de l'apport nécessaire — avec les projets actuels — de 1 milliard à 1 milliard 300 millions par an, et cela, pendant une période dite de transition, mais dont nul, en tout cas, ne peut définir exactement la durée, qui, selon toute probabilité, ne serait pas inférieure à 30 années ?

« Nous sommes partisans de l'institution des

« caisses de retraites ouvrières, ont dit les pouvoirs
« publics qui se sont succédé en France depuis
« 50 années, mais nous ne pouvons en autoriser la
« constitution à cause des dépenses considérables
« que cette réforme imposerait au trésor, dépenses
« auxquelles il lui est matériellement impossible
« de faire face »

Et chaque législature voit devenir caducs un
nombre indéterminé de projets déposés pour des
besoins électoraux sur le bureau de la chambre,
puis envoyés par ballots, en fin de législatures, aux
archives parlementaires.

Là, est l'argument principal à réfuter. Il est
l'unique obstacle devant lequel, depuis 1848, sont
venus se briser des efforts, puissants pourtant, des
amis de l'humanité.

Il est donc de toute nécessité, si l'on veut enfin
résoudre ce grand problème social, de ne demander au trésor public aucun sacrifice, aucun apport
annuel pour la constitution des retraites individuelles.

C'est à ne pas retomber dans les trois graves
erreurs que nous venons de signaler et c'est surtout à aplanir ce dernier obstacle considéré jusqu'ici comme insurmontable, c'est-à-dire, c'est à
rendre soluble cette importante question des retraites ouvrières, que nous nous sommes attaché
dans l'élaboration de notre projet, au cours duquel
nous allons examiner notamment :

1° De quels éléments devra se composer le personnel des déposants, et par suite des ayants droit ;

2° Avec quelles ressources il sera pourvu aux besoins de la caisse ;

3° Quelle sera l'organisation de l'Institution elle-même, et quelles en seront les conséquences sociales et économiques au double point de vue de la création des retraites ouvrières et de l'utilisation des capitaux amassés.

Le personnel des déposants.

Nous sommes partisans, nous avons dit pourquoi, du principe de l'obligation pour tout travailleur de se constituer une pension de retraite.

L'adhésion à la caisse nationale des retraites, doit donc, à notre avis, être rendu obligatoire pour toute unité humaine se livrant, pour son compte personnel ou celui de tiers, à un travail ou à des occupations quelconques.

Mais par contre, nous estimons que dans l'application du principe et la fixation du taux de constitution de la pension, il y a lieu de tenir compte, non seulement de l'état d'esprit créé par une situation privilégiée, mais surtout de la position sociale de certaines catégories de travailleurs placés aux différents échelons de l'échelle sociale et dont il ne serait pas sage de vouloir enfermer les intérêts si divers dans une seule et même formule.

Il y a, croyons-nous, une distinction à faire, pour la constitution de leurs caisses de retraites, entre unités qui n'ont ni les mêmes besoins, ni, surtout, les mêmes désirs, et dont la situation se présente sous des aspects divers et parfois contraires.

Rompant avec toutes les théories émises jusqu'à ce jour, nous divisons donc, pour amener la possibilité d'application à notre projet, le monde du travail en trois grandes catégories :

Première catégorie.

Unités humaines dont les services sont loués, avec ou sans contrat de louage, pour un temps plus ou moins déterminé, et comprenant, notamment : tous apprentis, manœuvres, ouvriers, employés, commis, agents, représentants, artistes et fonctionnaires de tous ordres.

Deuxième catégorie.

Unités humaines qui ne sont attachées, ni à un patron, ni à une Compagnie, Société ou Administration, et dont les occupations, parfois journalières sont, en général, accidentelles et de diverses natures, tels : les commissionnaires publics, les facteurs et les forts des halles et marchés, les marchands ambulants, forains des quatre saisons, les portefaix, etc.

Troisième catégorie.

Unités humaines qui, par la nature de leurs occupations sont en quelque sorte leur propre patron, et dont les ressources considérées comme le revenu de leur capital-travail, ne pourraient être évaluées dans chaque cas particulier, qu'en s'en rapportant à la seule évaluation de l'intéressé ou en se livrant à une vérification du chiffre fourni par lui de ses propres affaires, et pour lesquelles, partout, le taux de constitution de leur caisse de retraite devrait être laissée à leur seule appréciation, ce qui pourrait constituer des abus et faciliter des spéculations, étant donné la position sociale généralement privilégiée de cette catégorie de travailleurs, tels : les commerçants, les industriels, les producteurs, constructeurs, fabricants, débitants ; les travailleurs des champs, propriétaires, colon, fermiers ou métayers, l'entrepreneur de construction, de fabrication, d'établissements, de travaux, de transports, etc., occupant ou non des ouvriers ; les éditeurs, imprimeurs ou libraires ; les membres des professions libérales : avocats, avoués, huissiers, médecins, pharmaciens, instituteurs ou professeurs libres, publicistes, auteurs littéraires, dramatiques, etc.

Taux de constitution des caisses de retraites.

Pour chacune de ces trois catégories d'unités, groupées selon leur genre d'occupation et leur situation sociale, nous estimons nécessaire un mode spécial, et un taux différent dans la constitution des retraites.

Première catégorie.

Pour chacune des unités comprises dans la première catégorie de travailleurs, la pension de retraite est constituée au moyen :

1° D'une cotisation de l'ayant droit ;

2° D'une contribution patronale ;

3° D'une majoration de l'État au moment où l'ayant droit vient, après trente années de versements, ou à sa cinquante cinquième année d'âge, faire liquider sa pension.

Le taux de constitution de la pension est fixe et uniforme pour chacun des membres de la 1re catégorie de travailleurs.

Il est constitué :

1° Par l'ayant droit, au moyen d'une retenue de 3 0/0 sur le produit total de son salaire.

Cette retenue est opérée invariablement par son patron ou employeur à chaque paye ou solde effectuée, étant entendu que les allocations de diverses natures, telles que : nourriture, logement, habillement, chauffage, éclairage et indemnités de toutes sortes qui viennent s'ajouter ou suppléer à la rétribution en argent seront évaluées et concourront à la fixation du taux de constitution des pensions de retraites.

2° Par une *contribution patronale* d'égale somme ajoutée sur son livret individuel, au nom de l'ayant-droit à chaque versement de celui-ci.

Contribution patronale.

La contribution patronale à la constitution des retraites de chacun de ses salariés est *obligatoire* et égale comme somme à la cotisation ouvrière, c'est-à-dire égale à 3 0/0 du salaire ou des appointements de l'ayant droit. Cette contribution est prélevée sur le patron ou employeur aux mêmes époques et de la même façon que la cotisation ouvrière.

Exemple :

M. A..., patron ou employeur doit à M. B.., salarié à son service, une somme de 100 francs pour prix de son travail.

Le jour de la solde il lui en paie 97 en numéraire et en opérant la remise entre les mains de

M. B.., de son livret individuel, il lui justifie du versement préalablement effectué par lui en son nom :

1° De 3 francs à titre de cotisation ouvrière ;

2° D'un second versement de 3 francs à titre de contribution patronale.

Le versement de ces deux sommes de 3 francs dont la provenance est indiquée sur le livret de retraite dont il sera parlé, et qui constitue pour l'ayant droit un titre de propriété insaisissable et insaisible, est justifié par le patron ou employeur à son salarié par l'apposition sur ledit livret du cachet et de la signature du préposé, fonctionnaire ou receveur de l'institution nationale des retraites.

Chaque fois que M. B., devra recevoir de M. A.., son patron ou employeur à titre de rétribution une somme de 100 francs, il pourra donc se convaincre, par l'examen de son titre de propriété, avant même de recevoir ses 97 francs en numéraire, que les 6 francs destinés à lui constituer sa pension de retraite ne sont plus en la possession de son patron ou employeur et qu'ils ont bien été versés en son nom à la caisse nationale des retraites, contre reçu dûment apposé par le fonctionnaire préposé, sur son livret individuel.

Et il en sera ainsi pendant les trente années de constitution de la pension de retraite de M. B.., que celui-ci soit ou non au service du même patron ou employeur.

Majoration par l'Etat.

3° Par la majoration par l'Etat, qui, lorsque l'ayant droit, réunissant les conditions précédemment stipulées, demande la liquidation de sa pension, majore celle-ci d'une somme égale à celle que s'est constituée le déposant, par le fait de ses propres versements.

Résultat pour l'ayant droit de la cotisation ouvrière et de la contribution patronale à la caisse de retraite.

Les versements à la caisse nationale des retraites ouvrières sont opérés à capital aliéné, sans reversibilité, et au taux ordinaire de la caisse des retraites.

En prenant pour base, pour la première catégorie de travailleurs, le traitement moyen de 6 francs par jour, soit 180 francs par mois, et en tablant sur la cotisation ouvrière et la contribution patronale égales toutes deux à 3 0/0 du montant du salaire. Chaque livret individuel sera ainsi constitué :

1° Cotisation ouvrière :

Par mois 3 0/0 sur 180 francs = 5 fr. 40 ; par an 5 fr. 40 × 12 = 64 fr. 80, et pour les trente années 64,80 × 30 = 1944 francs.

2° Contribution patronale :

Par mois 3 0/0 sur 180 francs = 5 fr. 40 et pour 30 années 1944 francs, soit au total, par livret individuel 1944 fr. × 2 = 3888 fr.

Apports.

A. *Cotisations ouvrières.* — 1944 francs versés sans reversibilité, à capital aliéné, à raison de 64 fr. 80 par an, rapportent après trente années de versements, de 25 à 55 ans, selon les calculs de la caisse nationale actuelle, une rente viagère de . . . . 290 fr. 30

B. *Contributions patronales.* — Les contributions patronales étant de même nombre et de même importance que les cotisations ouvrières, et étant versées dans les mêmes conditions, rapporteront à la caisse de l'ayant droit une somme égale à celle qu'il s'est constituée lui-même, soit . . . . . 290 fr. 30

La rente viagère constituée à tout travailleur compris dans la première catégorie, s'élèvera donc, par le seul fait

des cotisations ouvrières et des contribu-
butions patronales à. . . . . 580 fr. 60

C. Enfin, l'Etat en majorant la retraite de l'ayant droit d'une somme
égale à celle qu'il s'est constituée lui-
même par ses propres versements,
chaque retraite dont la constitution
aura été opérée en trente années, de 25
à 55 ans, sur le taux d'un salaire moyen
de 6 francs par jour se trouvera donc
constituée définitivement au minimum
de . . . . 580 fr. 60
                                                    290 fr. 30
                                        ─────────────
                            soit :   870 fr. 90

Apports supplémentaires.

Cette retraite de 870 fr. 90, aujourd'hui si en-
viée du travailleur, ne doit être considérée — nous
ne saurions trop insister sur ce point — que comme
un minimum, attendu que dans sa constitution
nous n'avons fait entrer que le produit des cotisations ouvrières et des contributions patronales,
ne tenant aucun compte des apports supplémentaires, dont bénéficiera la caisse des retraites, apports dont nous définirons l'importance
et qui comprendront, notamment : la plus-
value provenant du fait de la mutualité en partici-

pation ; les augmentations de taux des retraites pour cause d'augmentation du nombre des versements par les membres ayant adhéré avant leur vingt-cinquième année d'âge ; en profitant, selon leur gré, après leur cinquante-cinquième année d'âge, des effets productifs du reculement de jouissance ; des dons, legs et subventions que l'Institution pourra recevoir en tant que société d'utilité publique ; de l'aliénation des biens considérables de l'assistance publique et des immenses casernes ou dépôts de mendicité où sont aujourd'hui entassés des légions de vieillards internés par une société égoïste et ingrate comme autant de vagabonds, par application de la loi sur le vagabondage !

Nous examinerons l'influence de ces apports supplémentaires sur le taux minimum de la pension minima de 870 fr. 90, constituée en faveur des unités de la 1re catégorie.

2e Catégorie.

« Unités humaines qui ne sont attachées ni à un
« patron, ni à une Compagnie, société ou admi-
« nistration et dont les occupations parfois jour-
« nalières sont souvent accidentelles et de diverses
« natures, tels : les commissionnaires publics, les
« facteurs et forts des halles et marchés, les mar-

« chands ambulants, forains, des quatre saisons,
« les portefaix, etc. »

Le principe de la retraite reste obligatoire pour
les unités de la 2e catégorie. Mais devant l'impos-
sibilité ; 1° de définir le taux de leurs ressources
provenant de leurs occupations ; 2° de faire opérer
en leur nom les contributions patronales par les
patrons ou employeurs, presque toujours anony-
mes, de ces travailleurs pour ainsi dire nomades,
nous ne pensons pas que l'on puisse, dans la pratique, assurer le principe de la constitution par
tiers, fort simple, adopté pour les unités de la
première catégorie. Nous proposons donc de main-
tenir pour les unités de la 2ᵉ catégorie le principe
de l'obligation, tout en laissant chacune d'elles
définir, selon les saisons, les périodes ou les années plus ou moins favorables, le taux de constitution de sa propre pension. Et afin de remplacer
pour eux la contribution patronale qui leur aura
fait défaut, lors de la liquidation de leur retraite,
la majoration de l'État qui est de 100 0/0 pour les
unités de la première catégorie sera portée à
200 0/0 pour celles de la seconde.

En conservant pour les unités de la 2ᵉ catégorie
le taux de constitution des unités de la première,
c'est-à-dire en évaluant à 5 fr. 40 le chiffre moyen
de chacun de leurs versements mensuels, soit pour
une année 64 fr. 80 ou 1944 francs au bout de
30 années, l'ayant droit de la seconde catégorie se

sera constitué, comme celui de la première, une
retraite viagère de. . . . . . . 290 fr. 30
à laquelle viendra s'ajouter la majoration normale de l'Etat. . . . . 290 fr. 30
puis celle également versée par l'État
représentant la contribution patronale
qui aura fait défaut au déposant,
soit . . . . 290 fr. 90

La rente viagère minima constituée
définitivement en faveur du déposant
de la 2e catégorie, s'élèverait donc,
comme pour celui de la 1re catégorie
à . . . . 870 fr. 90

Mais nous pensons que le taux moyen des
versements de cette catégorie de travailleurs se
trouverait, dans la grande majorité des cas, réduit
de 64 fr. 80 à 32 fr. 40 par an, somme qui, capitalisée aux taux et conditions communs, produirait une rente viagère, non plus de 290 fr. 30,
mais de 145 fr. 15.

Étant entendu qu'en aucun cas cette pension annuelle définitivement constituée ne sera inférieure
à 435 francs, si, quel que soit le montant total de
ses cotisations, l'ayant droit les a opérées, sans
interruption, pendant 30 années au moins.

3ᵉ Catégorie.

« Unités humaines qui, par la nature de leurs
« occupations sont en quelque sorte leur propre
« patron, et dont les ressources considérées comme
« le revenu de leur capital travail ne pourraient
« être évaluées dans chaque cas particulier, qu'en
« s'en rapportant à la seule déclaration de l'inté-
« ressé ou en se livrant à une vérification du chif-
« fre fourni par lui de ses propres affaires, et pour
« lesquelles, partant, le taux de constitution de
« leur caisse de retraite devrait être laissé à leur
« seule appréciation, ce qui pourrait constituer
« des abus, et faciliter des spéculations, étant
« donné la position sociale généralement privi-
« légiée de cette catégorie de travailleurs, tels :
« les commerçants, les industriels, les producteurs,
« constructeurs, fabricants, débitants ; les travail-
« leurs des champs, propriétaires, fermiers, colons
« ou métayers ; les entrepreneurs, de construc-
« tions, de travaux, d'établissements, de trans-
« ports, etc., occupant ou non des ouvriers ; les
« éditeurs, imprimeurs, ou libraires ; les membres
« des professions libérales, avocats, avoués, no-
« taires, huissiers, médecins, pharmaciens, insti-
« tuteurs et professeurs libres, publicistes, au-
« teurs littéraires, dramatiques, etc. »

Pour cette 3ᵉ catégorie d'unités qui ne sont pas
à proprement parler des ouvriers, et dont la situa-

tion sociale est toujours plus élevée, nous ne pensons pas que le chiffre de la pension de retraite qu'ils se seront créée, doive être, en fin d'exercice, augmenté des 2/3.

Pour ces unités, comme pour celles des deux premières, l'adhésion à la Caisse des retraites est obligatoire, mais le taux de constitution est laissé, dans chaque cas particulier, à l'appréciation de chacun.

La majoration du chiffre des pensions de la 3ᵉ catégorie sera assurée par l'Etat dans les mêmes formes que pour les précédentes catégories, et sera égale à 25 0/0 de la somme constituée par les versements de l'ayant droit.

Si l'on s'en rapporte aux données fournies par les principales sociétés d'assurances sur la vie, l'on peut estimer à 6.000 francs les rentes moyennes que se constituent, au moyen de primes, les unités de cette 3° catégorie.

Etendant les bienfaits de l'institution des retraites ouvrières à la totalité de ces unités, nous pensons que le taux moyen de constitution des pensions serait de 600 francs par an, soit, en 30 années, de 25 à 55 ans, de 18.000 francs, produisant, par le seul fait des versements capitalisés de l'ayant droit, une rente viagère de .   3.200 fr.
augmentée de la majoration par l'Etat,
à raison de 25 0/0, soit. . . . . . .   800 fr.
constituant une rente viagère moyenne
et définitive de . . . .   4.000 fr.

Quant à la majoration par l'Etat des pensions de la 3° catégorie, elle ne se ferait sentir, en aucun cas, sur les pensions supérieures à 9.000 francs, que peuvent atteindre, mais non dépasser les pensions constituées avec l'aide pécuniaire de l'Etat.

Exemple :

Une des unités comprises dans cette catégorie verse annuellement, à la caisse des retraites, de 25 à 55 ans, une somme de 1000 francs, qui, capitalisée aux conditions ordinaires, produira à l'ayant droit une rente viagère de.   .   .   .   5.403 fr. 50

Or, à cette somme vient s'ajouter la majoration par l'Etat, à raison de 25 0/0, soit. 1.350   87

constituant définitivement une pension viagère de. 6.734   37

Si la retraite constituée par les seuls versements du déposant s'élevait à 8000 francs, bien que les 25 0/0 de cette somme soient de 2000 francs, l'Etat ne majorerait ladite pension que de 1000 fr., c'est-à-dire jusqu'à concurrence de 9000 francs, limite extrême du taux des pensions majorables.

Dispositions communes aux retraites ouvrières en général.

L'intérêt primordial qu'a tout travailleur de la première catégorie à voir se constituer annuellement, sa caisse de retraite à l'aide des contributions patronales, est pour tous la plus sérieuse des garanties.

A chacune de ses payes, le salarié ne recevra de son salaire ce qui reste lui être dû qu'après s'être assuré par lui-même, par l'examen de son livret de retraite que la différence y est bien inscrite ainsi que la contribution patronale d'égale somme, et cela, sous le couvert de la signature et du timbre du fonctionnaire local de l'Institution.

Un règlement d'administration stipulera les mesures de répression les plus sévères, notamment contre quiconque, patrons ou ouvriers, qui, par un moyen ou artifice aurait tourné ou tenté de tourner la loi au détriment de la caisse des retraites ou des tiers intéressés.

Une unité adhérente à la caisse des retraites sous le bénéfice des avantages accordés, par exemple aux unités de la troisième catégorie peut toujours, selon les circonstances qu'il lui appartient de faire admettre, passer d'une catégorie dans une autre.

Exemple :

Un médecin inscrit à la troisième catégorie vient à abandonner sa situation en tant que médecin libre, et devient médecin attaché à une institution, hôpital, etc. Dès ce jour il rentre dans la première catégorie et bénéficie, en tant que salarié, des avantages des déposants de la première catégorie, profitant des contributions patronales. Du fait de ce changement de situation, et tant qu'il demeurera inscrit à la première catégorie, ses versements seront opérés à la caisse des retraites sous le bénéfice des pensions constituées : 1/3 par l'ayant droit ; 1/3 par le patron ou employeur et 1/3 par la majoration par l'Etat.

Si, par la suite, le médecin-fonctionnaire redevient médecin libre, il opèrera, à nouveau ses versements comme dans la première période de son adhésion à la caisse des retraites. Et après 30 années de participation sous ces diverses formes, l'Institution verra, à l'examen de son livret de retraite indiquant non seulement l'importance mais aussi *la provenance de chacun des versements*, quelle majoration proportionnelle doit être faite par lui à la pension ainsi constituée par ou pour l'ayant droit.

Et il en sera de même pour chaque unité changeant de situation sociale et partant, passant *obligatoirement* de la catégorie qu'il quitte à celle dans laquelle il entre par le fait de sa nouvelle situation.

Quant aux fonctionnaires de tout ordre, l'Etat étant, lui aussi leur patron, leurs retraites individuelles seront, à fin d'exercice, majorés de 200 0/0, l'Etat prenant outre sa charge contributive, celle qui pour les autres unités de la première catégorie, incombe au patron ou employeur.

La délivrance de chaque livret individuel, inscrit sous son numéro d'ordre, aura pour conséquence naturelle, au point de vue comptable, l'ouverture, sous le même numéro d'ordre, d'un compte au grand livre de la caisse des retraites, dont l'administration pourra être décentralisée par département.

Le livret individuel de chaque déposant constitue pour son titulaire un titre de propriété. Ce livret, le titulaire le conserve par devers lui, et le confie à son patron quelques jours avant l'époque du paiement des salaires afin que celui-ci puisse, avant la paye, opérer à la caisse des retraites le montant des cotisations ouvrières et des contributions patronales.

Les conséquences du projet.

Le principe de constitution obligatoire des caisses de retraites ouvrières étant admis comme nous le proposons, le nombre des participants se décomposerait ainsi, par période de 5 en 5 années de 25 à 55 années d'âge, pour chacune des trois catégories d'unités humaines.

Dénombrement de la population française de 25 à 55 années d'âge, d'après le relevé officiel publié sous les auspices du ministère du commerce :

Le nombre des Français des deux sexes, âgés de 25 à 55 années d'âge est, actuellement, de *16.345.801.*

Ainsi répartis :

de 25 à 30 ans.....	2.889.564	unités
de 31 à 35	2.989.018	—
de 36 à 40	2.866.848	—
de 41 à 45	2.720.389	—
de 46 à 50	2.559.072	—
de 51 à 55	2.320.910	—
Total égal.....	16.345.801	unités.

D'après les tables combinées de Duvillard, et Departieux la mortalité est, en outre, ainsi officiellement établie, pour ces mêmes unités, dans le même laps de temps :

Sur adhérents.	de	Seront morts à 55 ans.	Soit par période une survie de :	
2.889.564	25 à 30 ans	1.415.886	1.473.678	
2.989.018	31 à 35	1.255.387	1.733.631	
2.866.848	36 à 40	1.060.733	1.806.115	
2.720.389	41 à 45	816.115	1.904.274	
2.559.072	46 à 50	562.996	1.996.076	
2.320.910	51 à 55	255.380	2.065.530	
16.345.801		5.366.497	10.979.304	qui deviennent des ayants droit

D'après les tables combinées de Duvillard, Violène et Departieux, que nous avons modifiées, pour en rendre l'application propre à notre projet, le dénombrement des mêmes unités, et leur moyenne de mortalité se répartissent ainsi, pour chacune de nos trois catégories de travailleurs englobant la totalité de ces *16.345.801* unités :

1re Catégorie........	8.629.486
2o —	1.315.163
3e —	6.401.152
Total égal....	16.345.801

Répartition et proportionnalité de mortalité par catégorie et par période de 5 en 5 années, de 25 à 55 ans.

1re Catégorie.

de	Unités	0/0 de la mortalité	Soit à 55 ans de	Survivants à 55 ans
25 à 30 ans	1.654.468	49 0/0	809.219	842.249
31 à 35	1.548.132	42	650.215	897.917
36 à 40	1.494.852	37	553.045	941.757
41 à 45	1.356.264	30	406.879	949.385
46 à 50	1.364.393	22	300.166	1.064.227
51 à 55	1.214.377	11	133.581	1.080.796
Totaux.......	8.629.486		2.853.155	5.776.331

2ᵉ CATÉGORIE.

de	Unités	0/0 de la mortalité	Soit à 55 ans de	Survivants à 55 ans
25 à 30 ans	240.141	49 0/0	117.669	122.472
31 à 35	236.522	42	99.339	137.183
36 à 40	231.474	37	85.645	145.829
41 à 45	218.049	30	65.414	152.635
46 à 50	194.513	22	42.792	151.721
51 à 55	194.464	11	21.391	173.073
Totaux.......	1.315.163		432.250	882.913

3e Catégorie.

de	Unités	0/0 de la mortalité	Soit à 55 ans de	Survivants à 55 ans
25 à 30 ans	1.178.356	49 0/0	577.394	600.962
31 à 35	1.152.210	42	483.568	667.702
36 à 40	1.134.179	37	419.646	714.533
41 à 45	1.061.084	30	318.325	742.759
46 à 50	1.032.057	22	227.052	805.005
51 à 55	844.266	11	92.865	751.401
Totaux.......	6.401.152		2.118.790	4.282.362

Récapitulation.

	Participants :	Morts avant 55 ans.	Ayants droit.
1re Catégorie	8.629.486	2.853.155	5.576.331
2e —	1.315.163	432.250.	882.913
3e —	6.401.152	2.118.790	4.282.362
Totaux	16.345.801	5.404.195	10.941.606

Sur *16.345.801* unités qui, au cours de leur carrière, de 25 à 55 ans d'âge, auront été inscrites à la caisse de retraites ouvrières, *5.404.195* seront donc mortes, lorsque l'Institution atteindra sa 30ᵉ année d'exercice, et *10.941.606* seront encore là, demandant à l'Institution de tenir ses engagements vis-à-vis de chacune d'elles.

Nous avons vu que d'après les tables de mortalité existant actuellement et que nous avons appropriées aux circonstances de notre projet, en fin d'exercice le dénombrement des participants groupés par périodes de 5 en 5 années, sur la totalité des adhérents, donnera les résultats suivants :

	Ayant participé	Décédés en cours d'exercice.	Ayants droit.
	16.345.801	5.366.497	10.979.304 (1)
Alors que combinant les diverses tables officielles, nous donnons comme nombre pour la même période.....	16.345.801	5.404.195	10.941.606 (2)
Différence d'appréciation entre les tables de Departieux et de Duvilard, et nos calculs combinés avec les tables françaises officielles.............	Néant. (Le nombre des adhérents reste dans tous ces cas le même).	en moins : 37.698	en plus : 37.698

(1) Tableau, p. 38. — (2) Tableau, p. 43.

Toute différence qui pourrait exister dans les chiffres que nous donnons, porterait donc sur ce fait : nous estimons que sur *16.345.801* participants, *5.404.195* seront morts en cours de constitution et que, seuls, *10.941.606* viendront, en fin d'exercice, réclamer leurs droits proportionnels à la pension de retraite, tandis qu'avec les tables combinées de Duvillard et de Departieux, le nombre des décédés, pour un égal nombre de participants et au cours d'une même période est réduit à 5.366.497, faisant ainsi monter celui des ayants droit, de 10.941.606 à 10.979.304, soit un en plus de 37.698 unités.

Outre que cette différence est infime et ne pourrait en rien toucher, ni le principe de l'institution, ni influer sur ses conséquences financières, nous persistons, après de longs pointages, à croire notre chiffre fondé.

Nous pensons que les éminents actuaires dont nous venons de citer les noms n'ont pas tenu suffisamment compte dans leurs relevés statistiques de mortalité, de la pente qui devient plus roide quand on fait porter ses études sur la généralité, notamment, des éléments constitutifs de notre troisième catégorie de travailleurs, qui, en raison des difficultés sans cesse renouvelées qu'ils rencontrent dans leur vie de misère, d'incertitude et de malheurs, ramènent la longévité des unités de leurs corporations dans la mesure que nous avons indiquée. Mais que l'on retienne bien ceci :

même si ces Messieurs à l'esprit d'érudition desquels nous tenons à rendre un public hommage avaient raison contre nous, le désaccord ne porterait — nous ne saurions trop le répéter — que sur *37.698* unités sur les *16.345.801* qui auraient été inscrites à la caisse des retraites.

Or, en quoi ce grain de sable pourrait-il diminuer la beauté de notre plage ?

Considérons donc comme rigoureusement exact notre dénombrement par catégories, et la progression de mortalité des participants, bases de tous les calculs qui vont suivre, et voyons quelles seront, par périodes successives de cinq en cinq années, les charges qui incomberont à l'Institution de la caisse des retraites.

Charges qui incomberont à l'Institution de la caisse des retraites par périodes successives de cinq en cinq années, dans la première période quarantenaire.

Nous avons vu que le taux minimum moyen des retraites ouvrières était ainsi fixé pour chacune de nos trois catégories, à 55 ans d'âge, après trente années de versements :

1re catégorie . .   870 fr. 90
2e   do   435 fr.
3e   do   4.000 fr.

Mais au cours de la première période trentenaire précédant la création de l'institution, la caisse nationale des retraites étant alimentée exceptionnellement par les éléments de toute une génération, les pensions de ceux-ci seront d'autant plus fortes que les adhésions auront été précoces.

Les pensions constituées étant proportionnelles aux années de versements et au taux de constitution, pour évaluer exactement les charges qui incomberont à l'institution du fait de cette première génération bénéficière de la caisse des retraites, nous devons donc établir, selon le nombre et la quotité de ses versements, et pour chacune des trois catégories de participants, le taux de la pension proportionnelle ou totale à laquelle il aura droit.

Exemples :

Un participant de la 1re catégorie ayant commencé ses versements à 25 ans pour les continuer jusqu'à sa 55e année aura droit au minimum de la pension attribuée dans ces conditions aux membres de sa catégorie, soit *870 fr. 90*.

S'il n'a commencé ses versements qu'à 30 ans, sa pension proportionnelle à 55 années d'âge, sera égale à 5 sixièmes de 870 fr. 90 ou 725 fr. 75.

S'il a commencé ses versements à l'âge de 35 ans, sa pension minima sera égale aux 4 sixièmes de 870 fr. 90, ou 580 fr. 60, etc.

Il en sera de même de tous les autres cas intéressant les divers éléments de l'une ou de l'autre catégorie.

Les charges de l'institution seront donc réparties, pour cette génération, par catégories et par périodes de cinq en cinq années, ainsi que le précisent les trois tableaux ci-après :

Charges imposées à la Caisse des retraites.

RETRAITES PROPORTIONNELLES ET TOTALES

Première catégorie.

	Ayants droit	Proportion par unité sur	Somme par an et par unité	Par an et pour la totalité des ayants droit.	Pour 10 ans (1)
1re période de 0 à 10 ans.	néant.	néant.	néant.	néant.	néant.
2e période de 11 à 15 ans.	1.080.796	1/6 sur 870 90	145.15	136.877.539	1.568.775.390
3e — de 16 à 20 ans.	1.064.227	2/6 —	290.30	222.757.613	2.227.576.130
4e — de 21 à 25 ans.	949.385	3/6 —	435.45	413.409.698	4.134.096.980
5e — de 26 à 30 ans.	941.757	4/6 —	580.60	546.785.275	5.467.852.750
6e — de 31 à 35 ans.	897.947	5/6 —	725.75	651.663.262	6.516.632.620
7e — de 36 à 40 ans.	842.249	6/6 —	870.90	1.233.430.429	12.334.304.290
Totaux............	5.776.331			3.224.923.816	32.249.238.160

(1) Tous les actuaires sont d'accord sur ce point ; qu'une génération de 55 ans s'éteint en 26 années. Or le paiement pendant 10 années de la pleine pension à la totalité des ayants droit représente une somme de beaucoup supérieure à celle des pensions qu'il y aurait à servir en suivant la dégression, pendant ces 26 années, des tables de vitalité. En tablant sur ces données ; en éteignant notre génération de 25 années en 56 années, c'est-à-dire, en lui assignant 26 années à consommer le capital, qu'elle a mis 30 années à produire, nous restons au-dessus de l'évaluation mathématique, quant aux charges incombant à la caisse des retraites.

Deuxième catégorie.

	Ayants droit	Proportion par unité sur	Somme par an et par unité	Par an et pour la totalité des ayants droit.	Pour 10 ans (1)
1re période de 0 à 10 ans..	néant.	néant.	néant.	néant.	néant.
2e période de 11 à 15 ans..	173.073	1/6 sur 435	72.50	12.547.892	125.478.920
3e — de 16 à 20 ans..	151.321	2/6 —	145.00	21.999.515	219.995.150
4e — de 21 à 25 ans..	152.635	3/6 —	217.50	33.198.112	331.981.120
5e — de 26 à 30 ans..	145 829	4/6 —	290.00	42.290.440	422.904.100
6e — de 31 à 35 ans..	137.183	5/6 —	362.50	49.728.837	497.288.370
7e — de 36 à 40 ans..	122.472	6/6 —	435.00	53.275.320	532.753.200
Totaux............	882.913			213.040.086	2.130.400.860

(1) Tous les actuaires sont d'accord sur ce point : qu'une génération de 55 ans s'éteint en 26 années. Or le paiement pendant 10 années de la pleine pension à la totalité des ayants droit représente une somme de beaucoup supérieure à celle des pensions qu'il y aurait à servir en suivant la dégression, pendant ces 26 années, des tables de vitalité. En tablant sur ces données : en éteignant notre génération de 25 années en 50 années, c'est-à-dire en lui assignant 26 années à consommer le capital qu'elle a mis 30 années à produire, nous restons au-dessus de l'évaluation mathématique, quant aux charges incombant à la caisse des retraites.

Troisième catégorie.

	Ayants droit	Proportion par unité sur	Somme par unité et par an	Par an et pour la totalité des ayants droit.	Pour 10 ans(1)
1re période de 0 à 10 ans...	néant.	néant.	néant.	néant.	néant.
2e période de 11 à 15 ans..	751.401	1/6 sur 4000	666.65	500.921.477	5.009.214.770
3e — de 16 à 20 ans...	805.005	2/6 —	1.333.30	1.073.313.166	10.733.131.660
4e — de 21 à 25 ans...	742.759	3/6 —	1.999.95	1.485.480.862	14.854.808.620
5e — de 26 à 30 ans...	714.533	4/6 —	2.666.60	1 904.165.697	19.041.656.970
6e — de 31 à 35 ans...	667.702	5/6 —	3.333.25	2.225.851.019	22.258.510.190
7e — de 36 à 40 ans...	600.962	6/6 —	4.000.00	2.403.848.000	24.038.480.000
Totaux............	4.282.362			9.593.580.221	95.935.802.210

(1) Tous les actuaires sont d'accord sur ce point : qu'une génération de 55 ans s'éteint en 26 années. Or le paiement pendant 10 années de la pleine pension à la totalité des ayants droit représente une somme de beaucoup supérieure à celle des pensions qu'il y aurait à servir en suivant la dégression, pendant ces 26 années, des tables de vitalité. En tablant sur ces données ; en éteignant notre génération de 25 années en 56 années, c'est-à-dire, en lui assignant 26 années à consommer, le capital qu'elle a mis 30 années à produire, nous restons au-dessus de l'évaluation mathématique quant aux charges incombant à la caisse des retraites.

Récapitulation.

	Première catégorie.	Deuxième catégorie.	Troisième catégorie.	Total par an et par période.	Total pour les 10 années et par période (1).
1re période de 0 à 10 ans	»	»	»	»	»
2e — 11 à 15	156.857.539	12.547.892	500.921.477	670.346.908	6.703.469.080
3e — 16 à 20	222.757.613	21.999.545	1.073.313.466	1.318.070.294	13.180.702.940
4e — 21 à 25	413.409.698	33.198.112	1.485.480.862	1.432.088.672	19.320.886.720
5e — 26 à 30	546.785.275	42.290.410	1.904.165.697	2.493.241.382	24.932.413.820
6e — 31 à 35	651.663.262	49.728.837	2.225.851.019	2.927.243.118	29.272.431.180
7e — 36 à 40	1.233.430.429	53.275.320	2.403.848.000	3.690.553.749	36.905.537.490
Totaux........	3.224.923.816	213.040.086	9.593.580.221	13.031.544.123	130.315.444.230

(1) Tous les actuaires sont d'accord sur ce point : qu'une génération de 55 ans s'éteint en 26 années. Or le paiement pendant 10 années de la pleine pension à la totalité des ayants droit représente une somme de beaucoup supérieure à celle des pensions qu'il y aurait à servir en suivant la dégression, pendant ces 26 années, des tables de vitalité. En tablant sur ces données ; en éteignant notre génération de 25 annees en 56 années, c'est à-dire, en lui assignant 26 années à consommer, le capital qu'elle a mis 30 années à produire, nous restons au-dessus de l'évaluation mathématique, quant aux charges incombant à la caisse des retraites.

Total des charges totales par an....... 13.031.544.123 fr.

pour 10 ans....... 130.315.444.230 fr.

130.315.111.230 de francs, répartis proportion-
nellement sur les 30 dernières années de six gé-
nérations, ou 4.333.334.000 de francs par an,
telle serait la dette contractée vis-à-vis du monde
du travail par l'Institution des caisses de retraites
ouvrières, si celle-ci était créée sur les bases pré-
cisées par notre projet.

Nous concevons, qu'*a priori*, ce chiffre paraisse
fantastique, et laisse perplexes ceux qui, avec raison,
comparent une caisse de retraites à un portefeuille,
qu'avant de vouloir vider, il faut d'abord avoir
pris la précaution de garnir.

Aussi, avant même de nous arrêter à contempler
les résultats acquis par l'institution des caisses de
retraites, apportant partout, au château comme
dans la ferme ou la mansarde, la pension libératrice ; avant même d'envisager les heureux effets
de cet acte d'incomparable solidarité et de
fraternité humaine, faisant collaborer à une même
œuvre et dans le même but social, le directeur
de l'usine et ses manœuvres, qui, sur leurs vieux
jours et par le fait de leur collaboration mutuelle,
recueilleront, chacun selon sa situation, et ses
besoins, nous allons examiner froidement, comme
nous l'avons fait pour celui des dépenses, notre
budget des recettes, et voir si, mathématiquement,
celles-ci permettent celles-là.

Apport à la caisse nationale des retraites ouvrières.

Les ressources de la caisse nationale des retraites ouvrières sont de deux sortes :

1° *Les apports fixes*, destinés à assurer aux ayants droit le minimum fixé pour leur pension de retraite ;

2° *Les apports supplémentaires*, destinés à augmenter d'autant le taux minimum desdites pensions.

Apports fixes.

Les apports fixes ont sept sources :

1° Les apports par cotisations ouvrières et contributions nationales, versées par et au nom des participants de la première catégorie, appelés à bénéficier de la pension de retraite ;

2° Les apports de même nature, versés par ou au nom de participants de la première catégorie, décédés avant leur 55e année d'âge, en cours de constitution de la pension ;

3° Les apports par cotisations, des participants de la deuxième catégorie, appelés à bénéficier de la pension de retraite ;

4° Les apports de même nature, des membres de la deuxième catégorie, décédés avant leur 55ᵉ année d'âge ;

5° Les apports par cotisations, des participants de la troisième catégorie, appelés à bénéficier de leur pension de retraite ;

6° Les apports de même nature, des membres de la troisième catégorie, décédés avant leur 55ᵉ année d'âge, au cours de la constitution de leur pension ;

7° Les intérêts de capitalisation des sommes versées chaque année dans la caisse nationale des retraites ouvrières du fait, notamment, des cotisations ouvrières et des contributions patronales.

Pour les participants appelés à bénéficier de leur pension de retraite, les versements opérés par eux ou en leur nom sont décomptés dans le tableau qui précède, au taux fixé, et pour 30 années, soit :

1ʳᵉ Catégorie :

Cotisat. ouvr.: 5 40 × 12 = 64 80 × 30 = 1.944 ⎱
Cotisat. patr.:   —   —   = 1.944 ⎰ 3.888 fr.

    2ᵉ Catégorie   —   32 40 × 30 =   972 fr.

    3ᵉ Catégorie   —   600   × 30 = 18.000 fr.

Taux qui, nous l'avons vu, constituent aux ayants droit une pension minima de :

    1ʳᵉ Catégorie............   870 fr. 90

    2ᵉ Catégorie.............   435 fr.

    3ᵉ Catégorie ....   4.000 fr.

Pour les participants décédés ou disparus avant leur 55ᵉ année d'âge, en cours de constitution de leur pension de retraite, suivant en cela des indications précises de tables de mortalité, nous avons réparti les versements par moyenne, chaque année, ce qui nous donne, par *adhérent disparu*, pour les 30 années de participation générale, un versement égale à 50 0/0 de celui qu'il aurait effectué s'il avait vécu pendant ces 30 années.

Exemple :

Un adhérent de la première catégorie versant par an 64 fr. 80 et recevant de son patron ou de ses patrons successifs, par an, 64 fr. 80, soit au total 129,60, n'est compté dans nos calculs, s'il est décédé ou disparu avant sa 55e année d'âge, que pour un versement de moitié, soit 64 fr. 80 pendant chacune des 30 années.

Ce calcul, on en conviendra, offre les plus sérieuses garanties de véracité. Il a pour base l'échelle progressive de mortalité et s'appuie sur les 30 années de plein exercice, puisque chaque participant décédé ou disparu, est considéré comme étant perdu pour l'institution au centre de l'échelle, soit à la 15e année, bien que pourtant, dans la seconde période, de la 16e à la 30e année, la mortalité est plus active.

Ceci étant donné, les apports fixes, provenant des cotisations des participants et des contributions patronales, donnent, mathématiquement calculés, les résultats suivants :

Apports fixes par cotisations ouvrières et contributions patronales.

Nombre des participants.		Taux des versements annuels par unité.	Taux par an et pour la totalité.	Pour 30 années.
Ayants droit	Disparus.			
1re catégorie. 5.776.331		129.60	748.612.497	22.458.374.910
	2.853.155	64.80	184.884.444	5.546.533.320
2e catégorie. 882.913		32.40	28.806.384	864.191.430
	432.250	16.20	7.002.450	210.073.500
3e catégorie. 4.282.362		600.00	2.569.417.200	77.082.516.000
	2.118.790	300.00	635.637.000	19.069.110.000
10.941.606	5.404.195		4.174.359.972	125.230.799.160
16.345.801				

4.174.359.972 de francs par an, soit, en 30 années 125.230.799.160 de francs, tel est l'apport fixe résultant, pour l'Institution nationale des retraites, du fait des cotisations des participants et des contributions patronales.

Intérêts produits par les apports fixes à la Caisse des retraites.

1° Placement par an, à 2 0/0, de *1.174.359.972* francs pendant 30 années consécutives, soit de 35.230.799.160 francs. Ce placement se réalisant par accumulation d'année en année pendant 30 années et tablant sur la période intermédiaire de 15 années, nous réalisons, à titre d'intérêts simples, un revenu net de :

$$\frac{2 \times 35.230.799.160 \times 15}{100} = 10.569.239.745 \text{ francs}$$

à la 30° année de roulement.

2° Intérêts produits pendant la même période par 2.300.000.000 placés annuellement à 3 0/0, soit en 30 années, 2.300.000.000 × 30 = 69 milliards.

$$\frac{3 \times 69 \text{ m.} \times 15}{100} = 31.050.000.000 \text{ de francs.}$$

3° Intérêts produits par 700.000.000 placés annuellement, par accumulation et pendant la même période à 5 0/0 l'an, soit pour 30 années : 700.000.000 × 30 = 21 milliards.

$$\frac{5 \times 21 \text{ m.} \times 15}{100} = 15.750.000.000 \text{ de francs.}$$

Total général des intérêts produits par le placement des apports fixes :

Art. 1er	10.569.239.745
Art. 2................	31.050.000.000
Art. 3..............	15.750.000.000
Total..........	57.369.239.745 fr.

Nous expliquerons en un chapitre spécial comment nous entendons assurer le placement de ces diverses sommes dont l'intérêt constitue l'article 2 des apports fixes à la caisse des retraites.

Apports fixes. Récapitulation.

Art. 1er. — Apports par cotisations ouvrières et contributions patronales 125.230.799.160

Art. 2. — Intérêts produits par le placement des apports de l'article 1er........ 57.369.239.745

Total général............... 172.600.038.905

Balance.

1º Charges totales de la caisse des retraites, du fait des pensions à servir........... 130.315.441.230

2º Ressources de l'Institution par le seul fait des apports fixes provenant des cotisations des participants, des contributions patronales et des intérêts produits annuellement par le placement de ces apports............................. 172.600.038.905

Différence en faveur de l'avoir de l'Institution................................ 42.284.597.675

130.315.441.230 francs de charges,

et 172.600.038.905 francs d'avoir,

soit 42.284.597.675 francs en excédant de recettes, tel serait, en fin d'exercice le bilan de l'Institution nationale des caisses de retraites ouvrières, si cette institution était créée selon le plan que nous en avons tracé.

Nous examinerons tout à l'heure l'importance des ressources par apports supplémentaires qui seront acquis à l'Institution et qui viendront augmenter d'autant le taux des retraites ouvrières dont nous n'avons indiqué, au cours de nos calculs, que le chiffre minimum.

Situations comparées.

Jetant un regard en arrière, nous voulons, maintenant, comparer quelles seront, pour la démocratie, les résultats acquis par la création des caisses de retraites ouvrières. Quelle est donc la situation avant; que sera-t-elle après? Le grand mouvement de 1789 a donné au peuple le droit de cité dans la nation, et celui de 1848 lui a octroyé, par l'application du suffrage universel, le moyen légal d'exercer un droit pour la revendication de ses intérêts.

Or, malgré ces deux grandes secousses populaires, où en sommes-nous, encore aujourd'hui, après tout un siècle d'espérance, quant à la réalisation des désirs et à la sauvegarde des intérêts primordiaux de la démocratie, si ce n'est à l'éternelle période des tâtonnements, des hésitations, et disons-le, des désillusions et des écœurements?

Deux seules institutions nationales ont été admirablement organisées; deux seules ont fait l'objet de la constante préoccupation des pouvoirs publics: celles du fisc et de la force publique. La première qui crée des devoirs et impose à chacun la constitution d'un budget d'État par des charges, d'ailleurs mal réparties, et la seconde, qui, par la force brutale en assure l'application.

Les devoirs et les charges des citoyens? il y a des siècles qu'on les définit, et qu'on les augmente ; quant à leurs droits sociaux? nul ne songe à les créer !

Chaque gouvernement semble avoir pris à tâche de gonfler son budget annuel, lequel s'élève à près de 4 milliards.

Or, sur ce chiffre, que réserve-t-on pour le travailleur proprement dit, c'est-à-dire pour l'application d'un socialisme rationel, raisonné, pratique ?

A-t-on créé des orphelinats régionaux, destinés à recueillir et à élever les orphelins du peuple ? Non ! La royauté a institué Saint-Cyr, destiné aux orphelins des nobles, l'empire, les lycées et les maisons de la Légion d'honneur pour les fils et les filles de légionnaires. Mais pour les orphelins des travailleurs, les gouvernements démocratiques n'ont encore rien fait.

On s'est contenté de construire des petites Roquettes et des maisons de correction, où de jeunes cerveaux, qui sont seulement à plaindre, sont traités en détenus, élevés à l'école du vice, et préparés pour le vagabondage et les prisons, et parfois même pour le crime et l'échafaud !

A-t-on élaboré des lois sociales protégeant efficacement le travailleur contre les périls de la loi de l'offre et de la demande ? A-t-on fait des lois humanitaires lui assurant la possibilité de vivre dans les cas de maladies ou de chômages forcés ?

A-t-on seulement organisé la société de façon que chaque père de famille représente un capital humain dont le revenu servirait, à lui seul, à faire vivre et à élever sa famille ?

A-t-on organisé, avec une parcelle du budget de l'Etat, nos crédits ouvriers, nos crédits agricoles, commerciaux et industriels ?

Non ! La démocratie est souveraine, c'est elle qui par délégation élabore les lois ; c'est elle qui en conditionne et en ordonne l'application, et rien de tout cela, qui touche à ses intérêts les plus chers et les plus immédiats, n'a encore été ni élaboré, ni étudié.

Quant aux lois de prévoyance, nous sommes obligés de prendre exemple sur l'Amérique, et l'Angleterre nous enseigne la pratique des lois de mutualité et de savante et fructueuse organisation des syndicats corporatifs, pendant que l'Allemagne, nation monarchique et militariste par excellence, nous montre, parfaitement organisées ses cinq mille et quelques institutions de crédits ouvriers, agricoles, industriels et commerciaux.

Or, en France, depuis 30 années d'un gouvernement de suffrage universel, nous ne sommes arrivés, au point de vue économique et social, qu'à garantir, non pas le travail, le salaire et l'avenir de l'ouvrier, mais l'intérêt à 15 0/0 des capitalistes, actionnaires des sociétés financières !

Des lois garantissant la fructification des capitaux et la productivité de leur intérêt existent en faveur de quiconque est riche ; la garantie du travail, du salaire n'existe pas pour quiconque n'a pour vivre que son cerveau ou ses bras !

L'Institution des caisses de retraites existe pour ceux qui, pendant toute une carrière auront été pourvus d'emplois privilégiés, grassement rétribués, à l'abri de tout chômage ; elle n'existe pas pour la grande majorité des travailleurs des villes et des champs, dont la vie aura été pleine d'incertitude, de craintes et de malheurs.

Au champ, à l'atelier, ou à l'usine, le travailleur devenu vieux doit s'efforcer et se fatiguer davantage pour produire encore, car la fin de sa vie de travail, c'est le commencement de sa vie de misères.

Venu sur la terre avec son capital humain, et

ayant tout dépensé à la fructification des capitaux
et à la réussite des entreprises d'autrui, il devra
partir sans rien. Et ne pouvant plus produire,
nous le voyons, débris de la plus glorieuse des
armées du monde, errer de portes en portes, puis
parfois implorer, à bout d'écœurement, une place
dans un dépôt, où, abandonné de tous après
avoir servi tout le monde, il finira ses jours dans
l'isolement et l'oubli, sur le grabat encore chaud
de la chair d'un cadavre qui l'y aura précédé !

Y a-t-il donc une loi sociale qui, au nom de
l'humanité soit plus urgente à réformer que
celle-là ?

L'Institution des caisses de retraites ouvrières est
non seulement une loi sociale, c'est une loi de
moralité ; il devient en effet indispensable de
couvrir la nudité choquante de la démocratie !

C'est animé de ces sentiments que depuis cinq
années nous avons étudié, au fur et à mesure de
leur présentation, chacun des projets de création
de caisses de retraites dus à l'initiative privée ou
parlementaire, et qu'instruit par l'expérience acquise par sept années de secrétariat général à la
bourse de travail de Paris (1), nous avons, nous
aussi, mais sur des bases nouvelles, élaboré notre
projet, que des spécialistes éminents et des membres de la commission supérieure du travail ont

(1) Union syndicale des ouvriers et employés de chemins de
fer français (bourse du travail de Paris).

bien voulu qualifier de projet le *plus pratique* et *le seul immédiatement applicable* de tous ceux qui précédemment leur avaient été soumis.

Objections et critiques.

Nous savons bien, d'autre part, qu'*a priori* quatre objections ont été faites et le seront encore, sans doute, dans l'avenir, à notre projet de constitution de caisses de retraites.

1° L'obligation pour chacun de se constituer une pension et les difficultés que l'on rencontrera, sur ce point, « dans l'application ».

A cette première objection nous avons répondu, tout à l'heure. Nous n'ajouterons qu'un mot, relativement aux « difficultés d'applications. »

Nous avons beau chercher, nous ne voyons pas où sont ces « difficultés d'applications » que les égoïstes et les esprits timorés voient toujours dans l'adoption de tout projet nouveau n'ayant pas pour but et pour résultat immédiat d'améliorer leur propre sort.

Que dans la pratique il soit nécessaire, indispensable, même, d'élaborer des règlements d'administration publique et intérieure, pour déterminer, notamment, le nombre et la composition des bureaux de perception, faciliter aux patrons ou employeurs leur rôle d'intermédiaires légaux entre les déposants et l'Institution, limiter les droits et attributions des uns et des autres, et régler, enfin, toutes questions de détail, cela ne fait pas de doute. C'est ce qui a lieu chaque fois qu'une société quelconque se crée, mais c'est là ce qu'il faut appeler des « mesures d'application » et non des « difficultés d'application. »

La seconde objection faite à notre projet, c'est l'obligation pour le patron ou employeur de participer en parts égales à la constitution de la retraite de chacun de ses salariés. Notre réponse à cette seconde objection sera courte.

Nous estimons que le patron et le salarié, le Capital-Travail et le Capital-Argent sont deux facteurs indispensables à la vie humaine. L'un complète l'autre, les deux se font vivre mutuellement. Sans l'avoir du patron qui engage ses capitaux, entreprend des travaux, dirige un commerce, une industrie, découvre et exploite des mines, le tout à ses risques et périls, que deviendrait le travailleur qui porte toute sa fortune, tous ses moyens d'action dans son cerveau ou sur ses bras ?

Sans l'humble manœuvre, l'ouvrier, ou l'employé, dont les travaux manuels ou intellectuels sèment dans sa sphère la prospérité et le génie, que deviendraient les patrons dont les capitaux-argent, devenus improductifs, et, partant, sans valeur, seraient sans raison d'être ?

C'est cette inséparable communauté d'intérêts

qui fait qu'au cours de la vie, patrons et salariés ont pour devoir, par voie de concessions mutuelles, de s'entendre à l'amiable et de s'entr'aider, pour le plus grand bien de tous et de chacun.

Que ce soit une concession nouvelle, une concession de plus que nous demandons au patronat en lui faisant une obligation de coopérer en parts égales à la constitution des retraites ouvrière, soit. Mais cette concession, qu'il devra bien faire quand les pouvoirs publics en auront décidé, le patronat ne peut, en toute conscience, la trouver au-dessus de ses propres forces.

Est-ce donc réellement un sacrifice pour un patron, que l'abandon par lui, à la caisse de retraite de son collaborateur, d'une somme qui, en aucune circonstance, ne peut être supérieure à 3 0/0 du produit d'un salaire dont le taux aura été fixé entre les uns et les autres par la loi de l'offre et de la demande, loi qui, par son caractère même, laisse toujours de si grands et si appréciables avantages, non au salarié, mais au patron ou employeur ?

Dans certains milieux ouvriers, on estime que c'est le patron seul ou l'Etat lui-même, c'est-à-dire tout le monde qui doit assurer une retraite aux travailleurs devenus vieux ou incapables.

D'autre part, on rencontrait, il y a quelques années, des patrons estimant qu'ils n'avaient pas à intervenir dans la solution de la question, et que si les ouvriers voulaient une retraite pour eux, c'était à eux, et à eux seuls de se la créer.

Or, de part et d'autre, ouvriers et patrons se mettaient dans une fausse situation vis-à-vis du bon sens et de la saine raison.

Ni les uns ni les autres ne gagneraient à entretenir ainsi l'antagonisme regrettable qui existe entre eux, et à refuser de rechercher consciencieusement le point'terminus des concessions réciproques qu'ils se doivent.

Par le salaire qu'il lui attribue pour prix de son apport, le patron donne une pension alimentaire à son salarié. En réalité il entretient et alimente la machine humaine, afin que, pour son profit personnel elle demeure à son service pendant longtemps et dans de bonnes conditions de travail et de production.

Pendant ce temps, le patron vit, lui-aussi, et plus largement, sur le travail et la production de son salarié; il se fait, du surplus de ses recettes une réserve pour plus tard tout en élevant ses enfants, qu'il dotera d'autant plus qu'il aura plus ou moins de salariés à son service.

Eh bien, n'est-il pas juste, n'est-il pas humain, que l'ouvrier reçoive lui aussi, pour prix de l'usure et de l'abandon total de son capital travail, non seulement une pension alimentaire, mais aussi, de quoi être à l'abri du besoin lorsque sur ses vieux jours, les cheveux blanchis et le front ridé et courbé par l'âge, il sera chassé de la maison qu'il aura aidé à édifier ou à faire prospérer, mais dont pas une pierre ne lui appartiendra ?

Nous le demandons avec tant d'autres de bonne foi, aux patrons, qui sont aussi et surtout des hommes de cœur et de jugement !

A un autre point de vue, est-ce que le salarié, qui tout en travaillant pour vivre, saura qu'il se crée aussi pour ses vieux jours une vie de pleine liberté et d'indépendance ne se sentira pas plus étroitement attaché à son patron ou employeur et plus intéressé à la prospérité de ses entreprises ?

Puis, ne sera-t-il pas aussi moins enclin aux chômages, si préjudiciables aux uns et aux autres, et qui lui feraient perdre, non seulement, le salaire dont il a tant besoin pour élever sa famille, mais diminueraient encore le taux de sa retraite libératrice ?

L'ouvrier plus étroitement attaché à son patron dont il épousera les peines parce qu'il partagera les gains, n'est-ce pas la situation du patron devenue meilleure ?

Que l'on réfléchisse donc bien, non seulement aux conséquences sociales, mais encore aux résultats moraux de la participation patronale à la constitution des retraites ouvrières.

N'y a-t-il pas là le trait d'union si longtemps cherché, entre employé et employeur ?

La troisième objection faite à notre projet, est le taux élevé des versements, fixés à 3 0/0 du montant des salaires.

C'est après mûre réflexion, en pleine connaissance de cause, après étude des résultats obtenus jusqu'à ce jour par une foule de sociétés ou compagnies d'assurances et de sociétés mutuelles de secours et de retraites, que nous avons arrêté notre choix sur le taux de 3 0/0.

Nous eussions pu, nous aussi, pour plaire aux travailleurs, auxquels il est toujours pénible de demander l'abandon d'une parcelle de leur gain, fixer à 1 ou 2 0/0 le taux de leurs versements à la caisse des retraites, et leur dire que le principe de la coopération étant sauvegardé, c'est au patronat et à l'État seuls, qu'il appartiendra de faire le nécessaire quant au taux de constitution.

Mais nous avons pensé qu'il ne serait pas juste de mettre ce raisonnement dans la bouche des travailleurs, et qu'en outre, une des causes principales de l'insuccès de la mutualité est de ne pas offrir assez d'avantages comme conséquences des efforts réalisés et des sacrifices consentis.

Utilisation des Capitaux

Et enfin la quatrième objection, la plus sérieuse, celle sur laquelle, par conséquent, il convient de s'expliquer un peu plus longuement, et qu'il faut détruire, c'est la conséquence de la création des caisses de retraites au point de vue financier, et des difficultés d'utilisation des capitaux amassés et destinés à servir les pensions aux ayants droit.

On s'est effrayé, et on s'effraie encore de nos jours à la pensée de tant de capitaux, abondant, à jet continu, et de tous les coins de la France, dans les caisses de l'Institution nationale des retraites ouvrières.

Que fera-t-on de ces sommes colossales ?

Que va valoir le taux de l'argent ?

Et les capitalistes ? Et les banquiers ? Et les boursiers, puis les agioteurs, dont jusqu'ici l'industrie a été si florissante, que vont-ils faire ?

Que va-t-on devenir dans le monde de la finance ?

La toute puissance, la puissance hautaine et insolente des rois dorés de ce siècle ne va-t-elle pas être éclipsée et anéantie même, par cette puissance nouvelle et autrement riche : le monde du travail ? Le dix-neuvième siècle qui a vu la puissance souveraine des seigneurs baisser son pavillon sous la souveraineté du peuple verrait-il donc aussi la toute puissance des princes de la finance qui traitent d'égal à égal avec les empereurs et les rois, dont ils escomptent parfois les signatures, ce siècle verrait-il aussi ces princes invincibles, concurrencés et à jamais vaincus par la tourbe populaire?

Quatre milliards à placer tous les ans ; mais ce sera une véritable révolution, entraînant la ruine de quiconque possède et du petit rentier lui-même !

Puis l'Etat intervenant pour la majoration des pensions ouvrières, n'allons-nous pas tomber dans l'application du socialisme d'Etat ?

Dans toutes ces objections, qui cent fois par mois ont retenti à nos oreilles, il y a la part de la vérité et celle de l'exagération, la part de la raison et celle de la passion.

Examinons donc chacun de ces points.

Conséquences financières

Premier résultat. — **Minimum de la pension des retraites.** — Nous avons démontré qu'avec le taux de constitution de 64 fr. 80 par an attribué aux unités de la première catégorie des travailleurs, de 32 fr. 40 pour celles de la seconde et de 600 fr. pour celles de la troisième catégorie, l'Institution nationale des retraites ouvrières pourrait, sans aucun aléa possible, servir aux ayants droit une pension de retraite dont nous avons fixé le chiffre minimum à 870 fr. 90 pour les ayants droit de la première catégorie, de 435 francs pour ceux de la seconde et de 4.000 francs pour ceux de la troisième catégorie. Il ne peut, sur ce point, exister le moindre doute dans aucun esprit.

Cependant, nous avons pensé qu'il était intéressant d'apporter ici même une démonstration irréfutable de l'exactitude de nos calculs : nous nous sommes adressé à une compagnie d'assurances sur la vie dont c'est le métier de constituer des rentes viagères. Nous ne nous sommes pas contenté de l'opinion d'une compagnie de second ordre. C'est la *Nationale* que nous avons interrogée, parce qu'à ses garanties financières d'ordre exceptionnel, cette Société joint une connaissance particulière des questions ouvrières qu'elle étudie depuis quelques années avec un vif intérêt.

La *Nationale* propage actuellement un contrat d'*assurance de retraite* avec intervention patronale conçu dans un esprit de générosité utile et pratique qu'il est impossible de méconnaître. Ce contrat réunit des avantages incontestables. Nous citerons notamment le remboursement, en cas de décès du souscripteur, avant l'échéance de sa rente — à ses ayants droits — de la totalité des primes versées, ce qui constitue à la famille du travailleur privée prématurément de son chef, une sorte d'épargne en cas de décès qui certes peut avoir une incontestable utilité. Il y a d'autres avantages encore.

Eh bien, en dépit de ces avantages — qui tous coûtent évidemment — que, malgré leur intérêt, nous n'essaierons même pas de faire espérer — la *Nationale* a déterminé comme suit le taux des primes annuelles à verser par ses souscripteurs de contrats de retraite.

Tout homme âgé de 25 ans qui voudra obtenir, après 30 ans, c'est-à-dire à 55 ans d'âge, une pension viagère à capital aliéné, sans reversibilité, devra verser annuellement :

22 fr. 50 pour 100 fr. de rente.

45 fr.   »   200 fr.   »

67 fr. 50 »   300 fr.   »

La *Nationale* a basé ses calculs sur les tables d'expériences des compagnies françaises d'assurances sur la vie, tables qui ont mérité la plus haute récompense scientifique de l'Institut. Ses tarifs ainsi construits ont reçu l'homologation de l'Etat.

Or, si l'on veut bien comparer ses tarifs de rentes viagères avec les nôtres, on trouvera que nous ne différons guère.

Pour assurer une rente viagère à capital aliéné et sâns reversibilité à un homme de 55 ans d'âge payant depuis 30 ans, nous aurions demandé le versement de 64 fr. 80 correspondant à 290 fr. 30 de rente, *au lieu de 67 fr. 50 pour 300 fr.*

Nous sommes donc d'accord avec cette savante Compagnie. Remarquez que les tarifs de la *Nationale* comportent ses frais industriels de toutes sortes et lui permettent de constituer non seulement ses réserves mathématiques — représentation exacte de ses engagements — mais ses admirables réserves de prévoyance.

Notre Institution nationale des Retraites, qui n'aura à sa charge ni ces réserves, ni les avantages que nous avons dits, pourra donc, sans aucun aléa possible, arriver aux résultats que nous avons indiqués.

Nous croyons avoir ainsi donné *une preuve évidente, certaine*, de l'extrême prudence de nos calculs.

Il n'y a donc, quant à ce premier résultat, d'ordre primordial pour les déposants, aucune crainte à nourrir, aucune désillusion à avoir.

2ᵉ résultat.

Augmentation du taux minimum des pensions de retraites sans la coopération de l'Etat

L'augmentation du taux minimum des pensions de retraites tel que nous l'avons défini pour chacune des unités composant les trois catégories de travailleurs, sera en rapport direct du chiffre des ressources de l'Institution, du fait des apports supplémentaires.

Ces apports supplémentaires seront :

Art. 1ᵉʳ. — L'excédent dés recettes, par apports fixes, sur les dépenses de l'Institution, soit *12 milliards 284.597.675* francs, chiffre qui, à lui seul, assurera aux ayants droit une majoration de 31 0/0 de leur pension de retraite. Cette plus-value de la capitalisation des apports annuels fixes provient de ce fait ; qu'à l'encontre de ce qui se passe dans les sociétés d'assurances, à l'*Urbaine*, par exemple, les bienfaits de la mutualité et les apports des membres décédés en cours d'exercice reviennent non aux actionnaires sous forme de dividendes, mais à l'Institution elle-même en participation proportionnelle à chacun des déposants.

Puis viendront ensuite :

A. — L'avoir actuel des caisses de retraites constituées par les compagnies de chemins de fer français en faveur de leurs agents, avoir qui était au 31 décembre 1897 de *327.900.987* francs ;

B. — Les versements actuels desdites compagnies de chemins de fer à leurs caisses de retraites particulières et qui se montent annuellement à *32.434.553* francs (1), soit pour 40 années, base de nos calculs, à *1.297.382.120* francs ;

C. — Les versements de l'État, pour assurer les retraites à des fonctionnaires de tous ordres, sauf les militaires et les marins, et qui se montent annuellement pour le service des pensions à 120 millions, soit pour 40 années à plus de *4 milliards*.

D. — L'aliénation, au profit de l'Institution nationale des retraites ouvrières, des biens considérables de l'assistance dite publique et des établissements ou dépôts de mendicité où sont parqués quelques-uns des plus infirmes parmi les victimes d'accidents et des invalides du travail ;

E. — Les dons, legs et subventions que recevra l'Institution nationale, en tant que société d'utilité publique, etc.

Ces divers apports supplémentaires feraient, pensons-nous, monter de 55 à 60 0/0 le taux minimum des pensions de retraites, dont le chiffre serait ainsi porté à :

1re catégorie.— 870 90 + 55 0/0 = *1.349 90*
2e »   435 00 + 55 0/0 = *674 25*
3e »   4.000 00 + 55 0/0 = *6.200 00*

Tels seront, pour les participants, les résultats de

____

(1) Documents officiels publiés par le ministère des travaux publics.

la création de l'Institution nationale des caisses de retraites, *résultats certains*, quant au taux minimum, et *résultats probables* quant à la majoration prévue de 55 0/0 desdites pensions de retraites.

3º résultat

Coopération de l'Etat. Constitution et majoration des pensions de retraites. Administration de l'Institution

L'Institution nationale des caisses de retraites ouvrières n'est pas, à proprement parler, un service public ; elle n'est ni dirigée, ni administrée par l'Etat, ce qui fausserait son but en en faisant un acte de socialisme d'Etat.

Mais en raison de l'intérêt public et d'ordre primordial qui s'attache à cette grande question sociale, l'Institution est placée sous le contrôle et la surveillance de l'Etat qui coopère, ainsi que nous l'avons dit, non à la constitution mais au principe de la majoration des pensions de retraites.

Mais on a certainement remarqué et apprécié ce fait, que faisant appel *en principe* à la majoration des retraites par l'Etat, nous sommes arrivé à la constitution définitive de celle-ci, en ne tablant pas sur cette majoration effective, c'est-à-dire en ne tenant compte pour la constitution et la majoration desdites pensions, que des recettes par apports fixes et supplémentaires. De par ce fait, l'Etat qui, aux termes de notre projet eût dû, dès la 11ᵉ année d'exercice, assurer sur son budget la majoration prévue et dont le chiffre, pour la première période de 10 années, eût été de 46 à 48 milliards, soit une moyenne de plus d'un milliard par an, l'État se trouve maintenant dégagé de cette lourde charge.

Nous ne demandons donc, on le voit, aucune coopération en argent à l'Etat pour assurer la constitution définitive, et le service financier de l'Institution nationale des caisses de retraites ouvrières.

En échange de cet abandon total de la participation effective et financière de l'Etat, nous lui demandons :

1° La constitution pour administrer et diriger l'Institution nationale des caisses de retraites, d'un conseil d'administration dont les membres seraient nommés par décret présidentiel et choisis parmi de hauts fonctionnaires de chacun de nos ministères, parmi les membres du Conseil d'Etat, les spécialistes connus pour leurs travaux et leurs études financières et sociologiques, les grands commerçants et industriels, les directeurs ou chefs d'usines, d'administrations, sociétés ou compagnies dont les versements opérés à la caisse des retraites aux noms de leurs salariés, seront les plus importants ; une faible représentation des pouvoirs législatifs, et enfin, dans une mesure appréciable, parmi les travailleurs eux-mêmes, par voie de délégations et par corporations ou métiers.

2° Les opérations de l'Institution, quant aux recettes à opérer et le service des retraites à assurer seront faits par les agents du ministère des finances, agissant pour le compte de l'Institution des caisses de retraites dont ils seront, sur ce point, les délégués comptables et dont le nombre serait augmenté selon les besoins définis par le conseil d'administration de l'Institution.

3° Dans le règlement d'administration publique qui sera élaboré, il sera spécifié que le ministère des finances, afin d'assurer l'application des mesures prévues au précédent paragraphe, créera à ses frais, dans toute l'étendue du territoire français colonies comprises, tous les postes et bureaux de perception reconnus utiles par le conseil d'administration de l'Institution, qui reste ainsi autonome, et ne se sert des fonctionnaires de l'Etat que comme autant d'intermédiaires comptables entre elle et les participants à la caisse des retraites.

Le rôle de l'Etat ainsi défini, vis-à-vis de l'Institution nationale des caisses de retraites ne peut donc en rien justifier les craintes de quelques uns, qui veulent voir dans la création de cette institution sur les données de notre projet, un acheminement vers l'application d'un socialisme d'Etat.

Quant aux pouvoirs publics ils ne peuvent plus opposer à la création de cette institution réclamée depuis si longtemps par le monde du travail, des difficultés budgétaires, étant donné qu'avec notre conception de ce que doivent être les retraites ouvrières, non seulement l'Etat n'a aucun sacrifice nouveau à consentir, mais qu'en outre, l'Institution lui fait remise totale de sa part contributive dans la constitution des pensions de ses propres fonctionnaires pour chacun desquels il n'a plus à verser que sa contribution patronale !

Donc, conclusion sur ce point : pas de socialisme d'Etat. Une institution libre et autonome n'imposant pas un centime de sacrifice à l'Etat, même pour la majoration prévue, en principe, du taux des pensions, et lui faisant, au contraire, remise des sommes versées annuellement jusqu'à ce jour pour la constitution des retraites à ses propres fonctionnaires.

De l'utilisation des capitaux destinés à assurer le service des pensions de retraites.

Les projets présentés jusqu'à ce jour imposaient à l'Etat des sacrifices annuels considérables. Aussi la réponse des pouvoirs publics à toute demande d'institution des caisses de retraites ouvrières, nous l'avons dit déjà, a toujours été la même : « *Nous voudrions bien, mais où trouver les capi-* « *taux nécessaires, et comment faire face à tant de* « *besoins ?*

Comme on le voit, avec notre projet, la question change de face, et les termes du problème ne sont plus les mêmes.

Débouchés financiers, commerciaux, industriels, etc.

Aujourd'hui que nous présentons un projet dégrevant le Trésor public de toute charge pécuniaire et que nous faisons montre de l'avoir suffisant pour combler les caisses de l'Institution à créer, on nous répond : « mais qu'allons-nous faire « de ces sommes colossales, et comment allons-« nous en assurer le placement productif sans « pour cela jeter la perturbation et le trouble « dans le monde de la finance, sans créer de ter-« ribles soucis à MM. les banquiers dont l'exis-« tence a toujours été empreinte d'une si douce « quiétude ? »

Considérant notre œuvre comme terminée, nous pourrions répondre que la question sociale seule a été l'objet de nos préoccupations. Que la possibilité de créer l'Institution des caisses de retraites étant démontrée pratiquement selon un projet *immédiatement* applicable, il appartient maintenant aux spécialistes, aux financiers, de résoudre, dans l'application, la question des conséquences financières.

Mais la question étant connexe, voici, à titre d'indication, comment, selon nous, pourrait être résolue cette question de « l'utilisation des capitaux amassés annuellement », et destinés au service des pensions acquises.

Nous avons vu que chaque génération âgée de 25 ans éteint en 56 ans le capital qu'elle a mis 30 années à se constituer, et que les sommes rentrant dans les caisses de l'Institution du fait des cotisations ouvrières, et des contributions patronales s'élèvent annuellement, de 25 à 55 ans, à 4, 174, 359, 972 francs, soit pour les 30 années à 125, 230, 799, 160 francs.

Pendant les 10 premières années de constitution, la caisse nationale des retraites ouvrières n'a aucune charge à assumer, les premières pensions proportionnelles, celles des adhérents de 45 ans, tombant à échéance, la 11e année, à leur 55 année d'âge.

Pendant ces 10 années toutes les recettes de la caisse nationale seront donc à placer afin d'en assurer la fructification.

Par la suite, l'amas des capitaux sera de moindre importance eu égard aux charges successives et accumulées produites par les ayants droit.

En tablant pour les 40 années de formation du capital, et d'instinction conventionnelle de la génération adhérente, sur une moyenne proportionnelle de 1.174.359.972 francs, à placer chaque année, les ressources de la seconde génération servant au roulement de fonds de la génération précédente, voici comment nous entendons l'utilisation des recettes annuelles.

1° *1.174.359.972* francs seraient utilisés, annuellement, à créer nos institutions de crédits ouvriers, agricoles, industriels et commerciaux à raison d'un intérêt fixe de *2 0/0 l'an*, produisant, ainsi que nous l'avons vu, un apport à titre d'intérêt de 10.569. '39.745 francs, au but de 30 années de roulement.

Avec cette somme mise chaque année à la disposition de la France ouvrière, agricole, commerciale et industrielle l'on résoudrait enfin, à titre accessoire, cette passionnante question déjà résolue, notamment en Allemagne, et qui, en France est encore à l'état de projet d'avenir, faute de ressources pour y faire face.

L'Institution des retraites ouvrières servirait ainsi non seulement la cause du travailleur devenu vieux ou incapable, mais aussi, de la façon la plus efficace et sur l'échelle la plus vaste, celle du travailleur que le malheur ou le premier incident imprévu jette dans la misère, en le forçant, parfois à vendre à vil prix ses produits ou ses immeubles, acquis au prix de tant et de si longs sacrifices.

Quant au taux de 2 0/0, suffisamment rémunérateur pour la caisse des retraites, il serait le plus avantageux pour les particuliers que les circonstances forceraient à faire appel aux inestimables bienfaits de cette institution ouvrière.

2° Les 2 milliards 300 millions placés à 3 0/0 l'an, et produisant en 30 années un revenu net de 31.050.000.000 de francs (1) seraient employés en prêts aux départements et aux communes, et en prêts hypothécaires aux particuliers, actuellement réalisés, notamment par le Crédit foncier de France, à raison d'un intérêt de 4 fr. 10, l'an.

Les actionnaires de ce puissant établissement financier et ceux des établissements similaires dont la fortune s'augmente d'année en année par ce genre d'opérations à termes, pourraient seuls se plaindre de voir ces affaires fructueuses et de tout repos leur échapper. Mais il n'en serait pas de même des emprunteurs, auxquels la Caisse nationale des retraites ferait tout aussi bien les affaires, tout en leur assurant une réelle et appréciable économie.

Pour ces établissements financiers, la création de la Caisse nationale des retraites serait une véritable révolution économique qui mettrait en péril, non leurs formidables situations acquises, mais leur espérance de voir leurs fortunes privées, s'augmenter encore et toujours, et dont les plus-values, dues aux bénéfices réalisés se transmettent méthodiquement, de père en fils, dans ces familles favorisées, d'un capitalisme perpétuel.

(1) Voir notre exposé.

La Caisse des retraites n'ayant ni actionnaires à faire vivre, ni capitalisation à opérer, ni fortunes privées à grossir et à transmettre, prendrait à meilleur compte et dans des conditions de garantie au moins égales la succession de 16 à 1800 capitalistes.

Ce déplacement des affaires et de la fortune publiques au profit de la démocratie représentée par sa banque populaire, déplacement pour lequel les mouvements politiques et les révolutions les plus sanglantes et ô combien les plus inutiles ! ne peuvent rien, il serait donné de l'opérer à une institution purement sociale et humanitaire, résolvant ainsi, pacifiquement, la plus précieuse et la plus morale des transformations économiques des temps modernes !

Il en serait de même des *700 millions* de francs placés à *5 0/0* l'an et qui assureraient, au bout de trente années de roulement, un revenu net de 15.750.000.000 de francs (1).

Cette somme de 700 millions de francs serait utilisée annuellement en achats d'actions des sociétés de production, de fabrication, d'éclairage, de chauffage, de transports, et surtout des Compagnies de chemins de fer.

Ces valeurs de tout repos, fort recherchées, et dont l'intérêt, distribué sous forme de dividende à de peu nombreuses mais puissantes familles d'ac-

(1) Voir notre exposé.

tionnaires est toujours supérieur à 10 0/0, procureraient à l'Institut de la Caisse des retraites, un double avantage.

1° L'intérêt rémunérateur de ces placements compenserait la caisse des retraites de l'intérêt minime (2 0/0) produit par les sommes consacrées à nos diverses institutions de crédits agricoles, industriels, ouvriers et commerciaux.

2° Avec 700 millions de francs par an, la Caisse nationale des caisses de retraites ouvrières se rendrait propriétaire, annuellement, d'environ 466.000 actions de nos premières industries nationales. Ce serait, en moins de trente années, la socialisation complète et certaine de nos moyens de production, de fabrication et de transports. Et, résultat appréciable, ce serait la socialisation opérée progressivement, sans secousse aucune, par la seule volonté du travailleur français pratiquant l'épargne, et devenant, par elle, son propre et unique patron.

Ce serait le socialisme scientifique et idéal prenant dans la vie humaine la place du socialisme menteur dont les politiciens amusent et abusent la démocratie, et détruisant à jamais les derniers germes du socialisme international ou révolutionnaire avec l'application duquel les esprits utopiques, maladifs ou ignorants pourraient peut-être arriver à faire du mal sans jamais pouvoir faire réaliser le moindre avantage aux travailleurs dont ils prétendent défendre la cause, tout en nuisant le plus à leurs intérêts véritables.

A un autre point de vue, on se plaint souvent avec raison de la source cosmopolite des capitaux apportés en France dans les périodes de paix, c'est-à-dire de production certaine, et du caractère anti-français de nos principaux capitalistes.

Eh bien, à ce point de vue encore, le déplacement de la propriété financière, commerciale et industrielle au profit du travailleur français, même si ce déplacement met momentanément en révolution — de cabinets — le monde des affaires et du capitalisme bourgeois, même dans ce cas, le déplacement au profit de la nation elle-même des biens nationaux ne peut être envisagé que favorablement par tout esprit animé de sentiments démocratiques.

C'est l'opinion de ceux-ci, qu'il nous importe de rendre favorable à la prise en considération de notre projet de création de l'Institution nationale des caisses de retraites ouvrières et de toutes ses conséquences économiques. L'opinion des autres n'est pas inquiétante ; elle tombera d'elle-même comme un château de cartes sous la poussée formidable devant laquelle, d'ailleurs, s'effaceront, comme par enchantement, leurs excessives prétentions trop longtemps entretenues, de vivre éternellement non *pour* la démocratie mais *par* elle.

Maintenant, il se peut que les débouchés commerciaux, industriels, agricoles et financiers dont nous venons de donner l'énumération ne suffisent pas à l'écoulement des capitaux de l'Institution nationale des retraites.

En ce cas, improbable pendant au moins un quart de siècle, mais possible, l'Institution pourra s'ouvrir elle-même d'autres débouchés, selon ses besoins.

C'est alors que pourraient être entrepris nos travaux régionaux reconnus utiles à l'extension et à la multiplication de nos relations commerciales et industrielles, mais restant à l'état d'éternels projets, faute de ressources pour les exécuter.

Nous ne pouvons donner ici l'énumération des travaux régionaux qu'il serait utile d'exécuter, mais une promenade à travers la carte de France en indiquera à chacun le nombre et l'importance, de même aussi que la lecture des vœux si souvent renouvelés de nos Conseils généraux.

Et enfin, si ces travaux venaient à leur tour à absorber les capitaux disponibles, et que l'utilité de nouveaux débouchés se fasse encore sentir, ne pourrait-on penser à éteindre la dette publique de l'Etat, puis enfin, à l'exécution de nos grands travaux nationaux, tels que Paris port de mer et le canal des Deux-Mers, qui feraient de la France la route du monde, et qui, en augmentant notre trafic intérieur, procureraient à la nation, en l'espèce à l'Institution nationale des retraites, des revenus évalués par les sociétés en formation, à 20 ou 22 0/0 des capitaux à engager.

La France ouvrière, absorbée de travaux inache-
vés, verrait en outre augmenter dans des propor-
tions inespérées le taux des pensions de retraite de
chaque unité humaine dès sa 55e année d'âge, et
le sol de la nation en se meublant ainsi verrait dou-
bler sa valeur productive au profit de l'activité, de
la vie nationale.

Au point de vue militaire même, cette transfor-
mation, cette amélioration et cette multiplication
de nos moyens et conditions de transports et de
communications, procurerait à la France un
avantage stratégique de premier ordre, réclamé
depuis de longues années, surtout par notre ma-
rine qui pourrait ainsi, en cas de danger, se porter,
selon les circonstances, de la Manche ou de l'Océan
sur la Méditerranée, en déjouant victorieusement
les menées combinées des Anglais de Gibraltar
et des Allemands du canal de Kiel!

On nous a demandé ce que nous ferions des capitaux recueillis dans les caisses de l'Institution nationale des retraites ouvrières, eh bien, ce que nous
en ferions, le voilà !

Le champ d'action, on en conviendra, est vaste ;
il répond à tous les besoins et détruit, pensons-
nous, la fameuse objection sur « l'utilisation des
capitaux amassés. »

Conclusion.

A notre tour maintenant de nous tourner vers les pouvoirs publics et de leur dire :

« A la démocratie qui depuis 1850 réclame la création des caisses de retraites ouvrières, tous les gouvernements qui se sont succédé en France depuis cette époque ont invariablement répondu : « En principe, nous sommes partisans de la créa- « tion des caisses de retraites ouvrières, et nous « avons élaboré à ce sujet des lois d'attente. Mais, « dans la pratique, nous ne pouvons donner libre « cours à nos sentiments, à raison des charges con- « sidérables dont ces caisses de retraites grève- « raient le budget de l'Etat. »

Et en marge de tous les projets de création des caisses de retraites dus à l'initiative privée ou par-lementaire, les pouvoirs publics ont écrit : « Où « voulez-vous que nous prenions les capitaux né- « cessaires?... » Et chaque projet nouveau est allé rejoindre les précédents dans l'immense hall aux archives de l'Etat !

Aujourd'hui, vous présentant une conception nouvelle, nous vous disons « les capitaux nécessai-res, les voilà! »

Vous nous avez demandé ce que vous feriez de

l'accumulation des capitaux; nous vous avons répondu.

Que les pouvoirs publics le veuillent donc, maintenant, et nous verrons enfin notre chère république s'occuper une bonne fois du peuple de qui elle tient sa raison d'être, et préparer ainsi sa gloire la plus pure, en donnant aux autres nations l'exemple de son esprit d'équité, de justice et de progrès social.

PAUL LANOIR.

TABLE DES MATIÈRES

Laval. — Imprimerie parisienne L. BARNÉOUD & Cⁱᵉ.